Genrediskurse

Reihe herausgegeben von

Marcus Stiglegger, Dekra Hochschule für Medien, Berlin, Deutschland

Die Idealvorstellung des Filmgenres als einem motivisch und ästhetisch klar definierbaren Phänomen gehört aus heutiger Sicht der Vergangenheit des amerikanischen Studiosystems an. was im internationalen Kontext immer schon grenzüberschreitende Züge trug, muss heute als Hybridität betrachtet werden. Nur noch wenige Filmproduktionen lassen sich klassischen Genremodellen zuordnen. Vielmehr dominiert die Überschneidung und ständig im Wandel begriffene Neukombination dieser etablierten Elemente aktuelle Produktionen. Ähnliches gilt auch für Fernsehserien, die noch lange nach klassischen Mustern funktionierten, aber in den letzten Jahren ebenfalls Genrehybride geworden sind.

Es muss heute folglich um einen Diskurs gehen, wenn man Genres neu und fruchtbar diskutieren will. In der Reihe „Genrediskurse in Film und Fernsehserien" geht also nicht um Bände zu einzelnen Genremodellen, sondern um größer ausgespannte Diskursreflexionen wie etwa: „Phantastik", „Verbrechen" oder „Melodramatik", aber auch Aspekte wie „Musik" und „Gender". Das öffnet das Feld für multimodale Zugänge, transmediale Hybriditätsmodelle und interkulturelle Perspektiven. Die von dem Berliner Filmwissenschaftler Prof. Dr. Marcus Stiglegger herausgegebene Reihe wird auf diese Weise eine klaffende Lücke der deutschsprachigen Filmforschung schließen, die sich mit dem parallel entstehenden Handbuch „Filmgenres" ergänzt.

Weitere Bände in der Reihe http://www.springer.com/series/15873

Felix Schniz

Genre und Videospiel
Einführung in eine unmögliche Taxonomie

Felix Schniz
Universität Klagenfurt, Klagenfurt, Österreich

ISSN 2522-0276   ISSN 2522-0284   (electronic)
Genrediskurse
ISBN 978-3-658-27243-2   ISBN 978-3-658-27244-9   (eBook)
https://doi.org/10.1007/978-3-658-27244-9

Die Deutsche Nationalbibliothek verzeichnet diese Publikation in der Deutschen Nationalbibliografie; detaillierte bibliografische Daten sind im Internet über http://dnb.d-nb.de abrufbar.

© Springer Fachmedien Wiesbaden GmbH, ein Teil von Springer Nature 2020
Das Werk einschließlich aller seiner Teile ist urheberrechtlich geschützt. Jede Verwertung, die nicht ausdrücklich vom Urheberrechtsgesetz zugelassen ist, bedarf der vorherigen Zustimmung des Verlags. Das gilt insbesondere für Vervielfältigungen, Bearbeitungen, Übersetzungen, Mikroverfilmungen und die Einspeicherung und Verarbeitung in elektronischen Systemen.
Die Wiedergabe von allgemein beschreibenden Bezeichnungen, Marken, Unternehmensnamen etc. in diesem Werk bedeutet nicht, dass diese frei durch jedermann benutzt werden dürfen. Die Berechtigung zur Benutzung unterliegt, auch ohne gesonderten Hinweis hierzu, den Regeln des Markenrechts. Die Rechte des jeweiligen Zeicheninhabers sind zu beachten.
Der Verlag, die Autoren und die Herausgeber gehen davon aus, dass die Angaben und Informationen in diesem Werk zum Zeitpunkt der Veröffentlichung vollständig und korrekt sind. Weder der Verlag, noch die Autoren oder die Herausgeber übernehmen, ausdrücklich oder implizit, Gewähr für den Inhalt des Werkes, etwaige Fehler oder Äußerungen. Der Verlag bleibt im Hinblick auf geografische Zuordnungen und Gebietsbezeichnungen in veröffentlichten Karten und Institutionsadressen neutral.

Lektorat: Barbara Emig-Roller
Springer VS ist ein Imprint der eingetragenen Gesellschaft Springer Fachmedien Wiesbaden GmbH und ist ein Teil von Springer Nature.
Die Anschrift der Gesellschaft ist: Abraham-Lincoln-Str. 46, 65189 Wiesbaden, Germany

Danksagung

Um die Bedeutung der Genretheorie in ehrwürdiger Anlehnung an die chinesische Enzyklopädie *Himmlischer Warenschatz wohltätiger Erkenntnisse* (Borges 2007, S. 115) zu unterstreichen, widme ich dieses Buch den folgenden Kategorien an Menschen:

- Solchen, die sich selbst mit der Genretheorie befassen und mich persönlich ermutigten: Danke an Willem Strank für steten akademischen Rat und jahrelange gute Freundschaft. An Andreas Rauscher für tiefsinnige Gespräche und die geteilte Faszination zum Thema. An Benjamin Beil für inspirierende Arbeiten und tolle Zusammenarbeit hier in Klagenfurt. Besonderen Dank an Marcus Stiglegger für die herzliche Aufnahme in die Genrelandschaft.
- Solchen, die beim Lektorieren dieses Werks verzweifelt mit dem Kopf schüttelten: Danke an Kristin Aulich für herausragendes, konstruktives Feedback zum Text. An Barbara Emig-Roller und Monika Mülhausen für fantastische Unterstützung. An Lisa Kulle für tapferes Korrekturlesen. An Emir Bektić für ein unglaubliches Allwissen über Zitierleitfäden.
- Solchen, die nicht lektorierten und ermutigend mit dem Kopf nickten: Danke an Philipp Molter und Jan Gadermann für die beste Freundschaft. An Lena kleine Bornhorst für eine Ermutigung zur richtigen Zeit. An Marco Papousek für eine Führung durch das virtuelle Mittelerde. An Martina Steinbacher für ein immer offenes Ohr. An Veit Frick, Vanessa Erat, Shauna Bennis, Nina Kompein, Florian Kelle, Christina Obmann und Cornelia Zeller als Leidensgenossen. An Werner Delanoy, Jörg Helbig, Nikolai Dobric, Alexa Weik von Mossner, Eva Maria Graf, Alexander Onysko und das Department of English der Universität Klagenfurt als großartige Kollegen und Unterstützer meiner Arbeit an diesem Werk.

- Solchen, die ihre eigene Kaffeetasse auf meinem Schreibtisch stehen haben: Danke an meinen Doktorvater René Reinhold Schallegger für stetes Mentoring, Verständnis und Lösungssuche auf Augenhöhe. An Thomas Faller für den gesunden Menschenverstand. An Armin Lippitz für die nötige Motivation.
- Und mit besonderem Dank an Beate und Bernhard

Inhaltsverzeichnis

1 **Einleitung** 1
  1.1 Leitfragen 13

2 **Das Videospiel. Ein objet ambigu** 15
  2.1 Zusammenfassung 23

3 **Genre, Wandel, Videospiel** 25
  3.1 Ursprünge und Funktionen des Genrebegriffs 27
  3.2 Leitfragen der modernen Genretheorie 30
  3.3 Genre als ideologischer Diskurs 36
  3.4 Historizität: Genre als Momentaufnahme 40
  3.5 Technik als Genrekatalysator 43
  3.6 Zusammenfassung 50

4 **Videospielbezogene Genrediskursfelder** 53
  4.1 Design 54
  4.2 Marketing 60
  4.3 Journalismus 63
  4.4 Pädagogik 67
  4.5 Wissenschaft 70
  4.6 Kanonisierung 76
  4.7 Zusammenfassung 79

5 **Transformation in drei Genredimensionen** 81
  5.1 Systemmechanik als Genredimension 84
    5.1.1 Fallbeispiel: Yakuza 6: The Song of Life 87
    5.1.2 Videospiel-Genredimensionen als Facettenkatalog 92
  5.2 Fiktionsästhetik als Genredimension 95

		5.2.1	Fallbeispiel: Dead Space	99
	5.3	5.2.2	Videospiel-Genredimensionen als Hybride	102
		Sozioritus als Genredimension		104
		5.3.1	Fallbeispiel: The Lord of the Rings Online	109
		5.3.2	Videospiel-Genredimensionen als Agency-bestimmt	111
	5.4	Zusammenfassung		115

6 Modelldarstellung 117
   6.1 Zusammenfassung 122

7 Ausblick: Auf dem Weg in die vierte Dimension 125

Glossar 133

Literatur 139

Einleitung

Egal ob in Literatur, Film oder Fernsehen: wir sind es gewohnt, die Medien, welche unseren Alltag bereichern, in sogenannten Genres zu kategorisieren. Bei Begriffen wie ‚Kriminalroman' oder ‚Western' etwa werden beinahe schon automatisch Assoziationen geweckt – Gedanken an einsame Steppen und düstere Gassen, an strahlende Revolverhelden oder den Gärtner der, so will es das gängige Klischee, ja gar nicht der Mörder sein kann. Dabei ist es zunächst gleichgültig, ob ein Genre für jeden die exakt gleichen Figuren, Kulissen oder Spannungsbögen bedeutet, denn für die Freunde einer bestimmten Genretradition bedeutet die Freude am Genre ein Wechselbad der Gefühle zwischen erfüllten und umgekrempelten Erwartungen. Nicht umsonst vergleichen Bordwell und Thompson die Erwartungen an Genres auch mit Festtagstraditionen (2010, S. 336): Wer ein Genre für sich gefunden hat, wird einer Neuerscheinung mit Vorfreude entgegenfiebern – auf der einen Seite in nostalgischer Freude auf das Bekannte, auf der anderen dennoch gespannt darauf, an welcher Stelle vielleicht mit dem Vertrauten gebrochen wird.

Auch Videospiele, die einen vergleichbar jungen Teil der globalen Mediengeschichte ausmachen, werden bestimmten Genres zugeschrieben. Mit der stetig zunehmenden Etablierung von Videospielen in allen gesellschaftlichen Schichten und Kontexten wandern auch Begriffe wie ‚Echtzeitstrategie' oder ‚Shooter' in die gängigen Debatten rund ums Thema Genre ein. Wer sich jedoch etwas näher mit der Materie befasst, dem wird schnell klar, dass die Bedeutung von Genre für das interaktive Medium unbändiger zu sein scheint als die vagen, jedoch potenziell als überschaubar empfundenen Genretraditionen bekannter Medien. Da bezeichnen sich Titel wie die jüngst erschienenen *Ghost of Tsushima* (Sucker Punch Productions 2020) und *Red Dead Redemption* 2 (Rockstar Studios 2018) beide als Action-Rollenspiele, die durchaus auch viele Gemeinsamkeiten haben. Dennoch könnten die Geschichten des Outlaws Arthur Morgan und Samurai Jin

Sakai nicht unterschiedlicher sein. *Ghost of Tsushima* und das 2019 veröffentlichte *Sekiro: Shadows Die Twice* (FromSoftware 2020) wiederum bereiten beide das Narrativ des entehrten Samurai-Kriegers auf Rachefeldzug für ihre Spieler auf, sprechen aber aufgrund ihres unterschiedlichen Gameplays bewusst andere Spiele-Communities und deren Genre-Interessen an. Egal in welchen Konstellationen zwei Videospiele verglichen werden, die Liste der Unterschiede scheint stets und dezidiert größer zu sein als die Liste der gemeinsamen Kennzeichen für ein Genre – und das bei gleichbleibendem gesellschaftlichem Interesse daran, Gemeinsamkeiten auszuloten und leicht vermittelbaren Überbegriffen zuzuordnen. Wie also Verständnis über ein Medium erlangen, das derartig vielseitig in seinen (Spiel)Weisen ist?

Dieses Werk widmet sich der Frage, welche Kriterien für die Analyse des Genres eines Videospiels von besonderer Relevanz sind und wie diese effektiv benannt und skizziert werden können. Ansetzend bei den Paradigmen der Gattungstheorie fasst es die geläufigsten Genrediskurse um das Medium Videospiel zusammen und wirft einen kritischen Blick auf seine wichtigsten Diskursmodelle. Es zieht Bilanz über das, was der ominöse Drang zur Kategorisierung, wie sie durch die alles und nichts sagende Enzyklopädie aus Jorge Luis Borges Essay ‚Die analytische Sprache von John Wilkins' ironisch vorgeführt wurde (2007, S. 113–117), für die Forschung mit und über Videospiele leisten können muss, gleichwohl aber kaum leisten kann. Das vorliegende Werk ist sowohl als Niederschrift bestehender Forschungsperspektiven und methodischer Empfehlungen aus Genretheorie und Game Studies gedacht, sowie dazu, die aktuelle Genreforschung über Videospiele um zwei neue Verständnisebenen herum zu ergänzen: die soziorituelle Beeinflussung von Genredimensionen und die der absoluten Unmöglichkeit einer Genrebestimmung des Videospiels aufgrund seiner immersiven, interaktiven Qualitäten.

Dieses Postulat der Unmöglichkeit – nämlich, dass sich Videospiele den etablierten (weil funktionalen) Rahmenbedingungen gattungstheoretischer Muster, wie sie in der Analyse sekundärer und tertiärer Medien wie Print und Filmformaten (Pross 1970, S. 129) Anwendung finden, zunehmend entziehen – ist eine Erkenntnis, die sich zyklisch durch jedes Kapitel dieses Werkes zieht. Videospiele sind in ihrer Essenz interaktive Erfahrungen (Brown und King 2012, S. 34), deren Horizont so vielfältig ist wie die kreativen Darbietungen ihrer Spieler*innen. „Video game genre study" unterscheidet sich also „markedly from literary or film genre study due to the direct and active participation of the audience" (Wolf 2001, S. 114). Folglich stellt die Gattungsforschung im Bereich Videospiel Anforderungen an die Genrebestimmung, die bisher zwar in Anlehnung an einzelne, bereits etablierte Forschungsperspektiven angerissen wurden, jedoch kaum adäquat für deren mediale Gesamtkompositionen erfüllt werden konnte.

Die vorliegende Argumentation fügt sich damit in den Fluss notwendiger formstiftender Debatten zur Konsolidierung der Game Studies als eigenständigen akademischen Arbeitsbereich ein. Zwar wurden innerhalb des Forschungsfeldes bereits große Herausforderungen überwunden – genannt sei hier die oft beschworene Debatte ‚Ludologie gegen Narratologie', sprich, die Streitfrage, ob Videospiele nun primär als Untersuchungsobjekt der Spiel- oder der Erzählforschung untergeordnet werden sollten. Dennoch bleibt oft nicht viel mehr als die Rückkehr zur Feststellung, welche sich bereits in den frühen 2000er Jahren mit der breiteren Etablierung der Game Studies ergab: Die Forschungsarbeit zum Videospiel ist auch nach zwei Jahrzenten noch weit von einem eigenen, verlässlichen Toolkit, wie es schon lange herbeigesehnt wird (vgl. z. B. Wolf und Perron 2009, S. 4), entfernt. Um diesem letztendlich näher zu kommen, bedarf es eines aufgeschlossenen Diskurses und neuer, unvoreingenommener Ideen, welche die extreme Variation unter den Videospielen und deren transformativen Charakter einkalkulieren.

Genres in drei Dimensionen ist somit ausdrücklich kein neuerlicher Versuch, eine Gattungsordnung der Videospiele festzulegen. Wie Britta Neitzel bereits im Jahr 2000 in Anbetracht der Fülle an neu veröffentlichten Videospielen feststellte, würde „[e]ine Klassifizierung der heute existierenden Videospiele aufzustellen und sie erst morgen zu veröffentlichen [bedeuten], den Lesern zuzumuten, eine nicht mehr aktuelle Darstellung zu lesen, da neue Spiele auf dem Markt sein werden." (2000, S. 202). Vielmehr soll dieses Werk auf das notwendige Paradigma einstimmen, stets das Wechselspiel zwischen der spielergetriebenen und spielinhaltlich möglichen Genrevarianz und der rasanten technischen Weiterentwicklung des Mediums zu berücksichtigen, wenn es an die versierte Gattungsanalyse geht. War es den ersten Videospielen ob der geringen Rechenleistung damaliger Maschinen gerade einmal möglich, zwei menschliche Kontrahenten in simplen Geschicklichkeitsspielen gegeneinander antreten zu lassen (Kent 2001, S. 19, 24), bereicherte seither jeder technische Fortschritt die Möglichkeiten des Spieldesigns. Mit jedem neuen Meilenstein in Sachen Rechenleistung, jeder Hardware-Innovation und jeder dadurch inspirierten kreativen Entscheidung von Spieldesignern konnten vertraute Genrekonventionen neu interpretiert und immer verschachtelter miteinander kombiniert werden. Aktuelle Titel, wie *Assassin's Creed: Odyssey* (Ubisoft 2018), brillieren nicht in der radikalen Neukonzeption der Grundfesten von Action-orientierten Rollenspielen, sondern auf einer großflächig ausgelegten Makro-Ebene. Der Titel bietet eine riesige virtuelle Welt, die Spieler*innen unzählige Mikro-Angebote etablierter Spielgenres und Interaktion unterbreitet: von Taktik und Reaktionsvermögen erfordernden Kämpfen über das Crafting von Gegenständen bis hin zum strategischen Aushandeln der Machtverhältnisse Spartas und Griechenlands auf einer imposanten Weltkarte. „Tatsächlich", so Neitzel weiter, „verändern sich [also] nicht vorrangig die grundsätzlichen Abläufe der Videospiele, sondern vor allem der Detailreichtum [ihrer] Darstellung." (Neitzel 2000, S. 202).

Das Medium Videospiel ist tatsächlich derartig von diesen rasanten Entwicklungen und Entwicklungsschüben geprägt, dass permanent neue Bezugsnormen die Genreanalyse vor immer komplexere Herausforderungen stellen. Allein im Jahr 2018 etwa wurden der Downloadplattform Steam 9050 Spiele hinzugefügt (Gough 2019, n. p.) – eine imposante Zahl, die jedoch immer noch um Videospiele, die exklusiv auf bestimmten Konsolen, anderen Downloadplattformen oder eigenständigen Vertrieben ergänzt werden müsste. Auch die gängigen marktwirtschaftlichen Praktiken der Spielevertriebe tragen ihr Übriges zum ausufernden Angebot an analysierbaren Artefakten bei. Laut Ullrich Dittler bleibt Beispielsweise nur ein Bruchteil aller produzierten Videospiele über einen längeren Zeitraum im aktiven Verkauf, da der meiste Umsatz im Handel innerhalb des ersten Monats nach Veröffentlichung erzielt wird (1993, S. 68). Das sorgt, in Kombination mit dem beschriebenen flutartigen Zuwachs an Veröffentlichungen nach Dittlers Publikation und seit der Etablierung von Downloadplattformen als marktgängiger Vertriebspraxis, für einen unüberschaubar wuchernden Korpus an zu analysierenden Videospielen. „Eine Klassifizierung der heute existierenden Videospiele aufzustellen, bedeutet aber [dennoch] die beste Annäherung an den Gegenstand", schlussfolgert Neitzel richtig (2000, S. 203). „[D]enn solange die neuen Spiele das Wahrnehmungs- und Handlungsdispositiv nicht vollständig ändern, sondern es nur modifizieren, dient sie der genaueren Beschreibung eines Mediums, das sowohl Spiel als auch Erzählung sein kann." (Neitzel 2000, S. 203).

Die Analyse von Videospielen wird zentral von diesen mannigfaltigen Eigenheiten des Mediums erschwert. In „Games Telling Stories? A Brief Note on Games and Narratives," verweist Jesper Juul bereits 2001 auf die widerspenstigen Aspekte, welche den Videospielen bei gattungstheoretischen Annäherungen innezuwohnen scheinen (3) und welche Andreas Rauscher 2018 als „häufig zu ungenaue Kriterien für eine exakte Bestimmung" (344) identifiziert. Das stellt gerade im Falle von Videospielen ein denkbares Szenario dar, ist doch jedes Videospiel eine einzigartige Kombination narrativer, ästhetischer und mechanischer Komponenten. Zudem bedeutet jede Spielerfahrung ein Aushandeln zwischen Spiel und Spielern und ist somit dramatisch subjektiv. Neitzel verweist diesbezüglich gar auf Dirk Eitzens Dokumentarfilmtheorie, die dem Rezipienten, also in diesem Fall dem Spieler, eine intellektuelle Vollmacht über ein Spielgenre zukommen lässt – getreu dem Motto ‚ein Shooter ist, was der Rezipient für einen Shooter hält' (Eitzen 1998 in Neitzel 2010, S. 422). Freilich ist dieser Zugang einerseits lobenswert, gesteht er den Spieler*innen doch ihre tatsächliche Schlüsselposition im Rahmen einer Spielerfahrung ein. Gleichzeitig verweist er aber auch auf prekäre Tendenzen, die allgemein in der gattungstheoretischen Forschung beobachtet werden können und die somit auch die Untersuchung von Videospielgenres kennzeichnen: Genrekritik, so Ryall, scheint sich auf die Produktion immer weiter modifizierter Taxonomien beschränken zu wollen (1975, S. 27), von der man sich fragen muss, ob diese in Anbetracht der genannten Punkte überhaupt zielführend sein kann.

Dennoch kann und darf die Unbestimmbarkeit des Forschungsgegenstands kein Argument sein, gattungstheoretische Ansätze komplett zu verwerfen. Stringent kategorisieren Menschen ihre Lebenswelt und deren kulturelle Artefakte, oder wollen es zumindest erreichen, um ihre Umwelt begreif- und beherrschbar zu organisieren, auch wenn sich diese nicht absolut trennscharf gliedern lassen. Tatsächlich besticht mit dem Ende des 20. Jahrhunderts die Erkenntnis, dass Genrequalitäten immer Marker von konflikthaftem Vergleich sind. Jedes neue Kunstprodukt fordert das Genre, dem man es zugehörig vermutet, heraus, oder muss aufgrund seiner Qualitäten gar automatisch als mehreren Genres zugehörig verstanden werden (Baßler 2010, S. 52). Genres bedeuten also eine auferlegte Teilnahme. Gerade im Falle von Videospielen ist diese Erkenntnis eine Herausforderung, da Genremarker nicht nur interpretierbar, sondern auch im Medium selbst manipulierbar sind. Ein *Assassin's Creed: Odyssey* kann sich für mich als passioniertem Rollenspieler*innen im Rahmen meiner individuellen Herangehensweise ans Spiel eindeutig als Rollenspiel entfalten. Andere Spieler*innen könnten, den eigenen Präferenzen folgend, anders mit dem Titel agieren, etwa mehr Wert auf Kampfherausforderungen legen und so zweifelsohne den Titel als Action-Spiel empfinden.

Wichtig ist es also zwei Dinge zu hinterfragen: Zum einen, ob und wofür man Genreparadigmen zur Analyse von Videospielgenres benötigt und zum anderen, wo es vielleicht gerade aufgrund des Bedarfes an Kategorien wichtig ist, mit Genres zu arbeiten – auch wenn dieser Bedarf letztendlich nie zufriedenstellend erfüllt werden kann. Einerseits soll klar werden, warum Genrebegriffe wichtig und notwendig sind. Andererseits wird verdeutlicht, warum es gleichzeitig wichtig ist, über diesem Verständnis immer auch die Kritik an der Genresystematik im Auge zu behalten. Über das Erschaffen der Taxonomie erarbeitet man sich ein Verständnis, aufgrund dessen man kritische Stellen erkennen kann, auch wenn man diese direkt wieder verwerfen muss. Wandel und Struktur in Einklang zu bringen bestimmt unsere Ansprüche an Verständnis. Ein Diskurs um die Genres ist also in Bezug auf Videospiele unumgänglich (Beil 2015, S. 30) – auch wenn das Ergebnis einer Genreanalyse nur „ihr Scheitern sein" kann, oder schlicht die Erkenntnis, dass sich „zeitgenössische Spiele mithilfe etablierter Genrekategorien … nicht mehr hinreichend beschreiben lassen" (2015, S. 62). Über Genre in Videospielen zu reden, kann also immer nur eine kurze Momentaufnahme sein. Genredichotomie oder Hierarchien zu beschreiben, ist unmöglich, wenn man bedenkt, dass ein Videospiel schon allein intrinsisch mit mehreren Genrekonventionen kokettieren kann.

Mit dem Begriff der Dimensionen will das vorliegende Werk diese Argumentation implizit verdeutlichen, da es insbesondere für die gattungstheoretische Debatte in den Game Studies wichtig ist, Wirkweisen eines Genres musterhaft herauszuarbeiten. Konventionen wollen identifiziert, Entwicklungen aufgezeigt und widerspenstig erscheinende Einflüsse harmonisiert werden. Die Prämisse muss also lauten: Wie kann man sich diesen Zustand diffuser Unmöglichkeit aktiv zur Untersuchung von Videospielen nutzbar machen? Anstelle redundanter Genrekategorien spricht sich dieses Werk für ein Verständnis von Videospielgattungen in drei fluiden Dimensionen aus: Es beschreibt Videospielgenres als ein Amalgam der breit aufgefassten Genredimensionen Systemmechanik, Fiktionsästhetik und Sozioritual. Verwendet wird der Begriff ‚Dimension' dabei als Appel an seine bildungssprachliche Verwendung als „Ausmaß … im Hinblick auf seine räumliche, zeitliche, begriffliche Erfassbarkeit …" (Duden 2019, n. p.). Jedes Videospiel ist ein gesammeltes Potenzial möglicher Genreausprägungen, dessen genaue Form maßgeblich individuell durch die Interaktion mit Spieler*innen abgerufen wird und in Erscheinung tritt. Es muss als Anhäufung distinkter Attribute verstanden werden, welche parallel ablaufen, individuell erfahren oder sich in ihrer Wirkung auf Spieler*innen vermengen können. Die drei oben genannten Dimensionen der Videospielgattungen können – und sind bereits – unabhängig voneinander untersucht und hierarchisiert worden, wie die zuvor erwähnte Ludologie-gegen-Narratologie-Debatte eindeutig demonstriert. Ebenso wie sich die Gretchenfrage, ob Videospiele ludische oder narrative Medien darstellen, in einem distinkten ‚mehr als die Summe seiner einzelnen Bestandteile' konsolidiert hat, so ist das Verhältnis der Dimensionen gezeichnet von Ideen der Fluidität und der Hybridität.

Das Werk versteht sich dezidiert als Einführung in den Themenkomplex Genre und Videospiel und reiht sich somit mit seinem selbsterklärten Bildungs- und Forschungsauftrag nahtlos in die von Marcus Stiglegger mit dem *Handbuch Filmgenre (2017)* etablierte Reihe zum Genreverständnis ein. Verfasst wurde es vornehmlich für Leser, die sich bereits interessiert in den Grundlagen der Game

Studies oder der Gattungstheorie bewegen und sich die Komplexität von Videospielgenres medienadäquat erschließen wollen. Auch wenn Videospielgenres im deutschsprachigen Raum aktuell mehr, vor allen Dingen disziplinenübergreifende Beachtung geschenkt wird (vgl. z. B. Beil 2015; Beil et al. 2015; Rauscher 2018), ist auffällig, dass sich die bisher überschaubare Anzahl internationaler Texte zum Thema primär an Anleihen aus Filmgenreliteratur, beziehungsweise der noch überschaubareren Menge einengender, ludologisch orientierter Genretexte bedient. Game Studies sind jedoch generell interdisziplinär und die Vermeidung wissenschaftlicher Zustände, in denen einzelne Fachschwerpunkte zwar unabhängig voneinander aber blind füreinander am gleichen Medium arbeiten (vgl. Krzywinska 2006, S. 120), war schon immer von zentraler Bedeutung. So verschieden die Disziplinen sind, welche teils mehr, teils weniger konvergent zur Forschung über Videospiele beitragen, so unterschiedlich sind auch die Zugänge, mit denen Studierende an die Game Studies herangeführt werden und mit denen sie vertraut umzugehen wissen. Flächendeckend möchte dieses Werk darum, im Sinne von Stigleggers Desiderat ein Verständnis über den Status quo von Videospielgenres, über dominierende Entwicklungen und über die für zukünftige Forschung notwendigen Leitgedanken auf der Grundlage mannigfaltiger gattungstheoretischer Begriffe und Perspektiven ergründen – gespeist aus internationalen, interdisziplinären und interkulturellen Kompetenzfeldern.

Im Hinblick auf die internationale Formierung der Game Studies und das Interesse der Zielleserschaft am Themenfeld weist dieser Text eine enge Verbindung zur englischen Sprache und dem generell verwendeten Vokabular auf. Nicht nur der wissenschaftliche Austausch zum Thema findet vornehmlich auf Englisch statt, auch die begutachteten Spieletitel werden global mit englischer Synchronisation oder englischen Untertiteln vermarktet. Englischsprachige Zitate werden daher in den Fließtext des Buches integriert, jedoch nicht übersetzt. Im Falle von nicht-englischsprachigen Quellen wird hingegen auf die deutsche Übersetzung zurückgegriffen, um den Lesefluss nicht zu stören. Große Grundlagendebatten, wie eine Definition der Begriffe ‚Game' oder ‚Videogame' wurden bewusst ausgelassen, da diese im Hinblick auf ihre Unauflösbarkeit bereits in anderen Werken ausführlicher diskutiert wurden (unter vielen anderen in Feige 2015; Egenfeldt-Nielsen et al. 2016). Im weiteren Fließtext wird der Begriff Videospiel breit verwendet und auf alle Medien bezogen, die sich a) einem gewissen Maß ludischer Interaktion verschreiben, b) über einen Videokanal genutzt werden (sei es ein Fernsehbildschirm, Computermonitor oder eine VR-Brille) und sich c) idealerweise selbst, im Sinne Daniel Martin Feiges, als Video- oder Computerspiel auffassen (2015, S. 59) – unabhängig von Zielgruppe oder Hardware. Vorausgesetzt wird ein basales Verständnis gängiger Prozesse im

Videospiel, wie beispielsweise das Sammeln von Erfahrungspunkten oder das Beenden eines Levels, um die Spielhandlung voranzutreiben. Wichtige Schlüsselbegriffe werden im Text prägnant umschrieben und ein Glossar bietet zudem eine Übersicht über häufig verwendete Gattungsbegriffe des Videospiels, die vornehmlich spielmechanisch kategorisieren sollen und deren Bekanntheit außerhalb gewisser videospielaffiner Szenen nicht bindend vorausgesetzt werden kann.

Das vorliegende Buch thematisiert den Genrediskus über Videospiele nun als eine Frage der Unmöglichkeit. Dezidiert versucht es nicht, klare Antworten auf Fragen zu bieten, die in ihrer Auslegung nicht trennscharf beantwortet werden können. Stattdessen sammelt es notwendige Termini der Genretheorie, die auch für Videospiele Richtigkeit besitzen, verortet diese spezifisch in ihrer jeweiligen theoretischen Herkunft und formuliert Beobachtungen über deren Zusammenspiel in einem interaktiven Medium. Es transformiert eine Frage der Unmöglichkeit in einen Ausblick auf das dispositive Potenzial des Videospiels. Strukturiert ist dieses Buch wie folgt:

Kap. 2 möchte dieser Unmöglichkeit pragmatische Relevanz und somit einen Forschungsanreiz verleihen. Dafür wird das Medium Videospiel mittels eines Motivs aus Literatur, Philosophie und Kulturwissenschaft erschlossen: dem *objet ambigu*. Gemeint ist damit die Idee des Gegenstandes, der sich aufgrund seines Facettenreichtums jedweder Kategorisierung entzieht. Das Kapitel hinterfragt den Sinn dieser Denkfigur und zieht einen Vergleich aus ihrer überraschenden Deckungsgleichheit mit der besonderen Komposition von Videospielen. Es stellt die Frage nach den philosophischen Richtlinien, die es uns seither ermöglicht haben, über nicht erfassbare Themenkomplexe zu sprechen. Darüber hinaus erforscht es, welche Lektionen aus dieser Erkenntnis gezogen und welche Synergien in der Anwendung bisheriger Arbeitsmethoden entdeckt werden können und wie beides nutzbringend in die Analyse von Videospielen überführt werden kann. „Real world problems rarely regard disciplinary boundaries," sagen Carr et al. (2018). Auch in der Analyse der virtuellen Welt und ihrer Genres muss, so demonstriert das *objet ambigu*, eine interdisziplinäre Synergie die Basis zur Erschließung einer Methodologie bilden.

Kap. 3 führt die wichtigsten Grundbegriffe der Gattungstheorie in ihrem wissenschaftlichen Ursprung und ihrer Relevanz für die weiterführende Übersicht zur Analyse von Videospielen ein. Es etabliert ebenfalls Sinnzusammenhänge anhand einer stichpunktartigen Geschichte der Genreforschung von ihren akademischen Anfängen und Grundlagen in Literatur- und Filmwissenschaft bis hin zu aktuellen, von Zeitgeist und technischer Innovation geprägten Problemfeldern. Anhand der auf die Antike zurückgehenden Geschichte der Gattungen werden die wichtigsten Grundbegriffe und handlungsweisenden Maximen präsentiert. In

1 Einleitung

gesonderter, detaillierter Form widmet sich das Kapitel im Folgenden den wichtigen Umbrüchen der Gattungstheorie hin zum New Criticism der 1970er Jahre. Thematisiert wird hier der Wandel von einer auf Ordnung fokussierten Gattungstheorie der Kategorien zu einer auf Strömung fokussierten Gattungstheorie der Prozesse, die sich den zugrunde liegenden Paradigmen des Genrewandels verschreibt. Zwei weitere Unterkapitel beschäftigen sich mit zentralen Überlegungen, die in der modernen Genretheorie bis heute zunehmend an Bedeutung gewinnen: dem Verständnis von Genre als Ideologiemechanismus und die damit einhergehende Verwendung von Genrebegriffen als Ausdruck von (Markt)Hoheit, Konflikt und Diskurs zwischen Produzenten und Rezipienten sowie der Perspektive von Historizität innerhalb der Gattungstheorie, welche wohl den Nutzen von Genrekategorien sieht, diese aber kritisch in zeitgenössischen Momentaufnahmen verankern möchte. Abgerundet wird das Kapitel von einem, besonders im Rahmen der Videospiele, zentralen Treibmotor: den technologischen Entwicklungen, die zu einer rasanten Wucherung von Genreklassifikationen und Fragen ordnungsbezogener Natur beigetragen haben.

Kap. 4 bietet eine Übersicht darüber, welche Rolle dem Genrebegriff in den wichtigsten Diskursfeldern des Videospiels zukommt. Dem Beispiel von Benjamin Sterbenz folgend (2011), werden hier unterschiedliche Schwerpunktbereiche evaluiert und einander gegenübergestellt. Im vorliegenden Werk werden diese fünf Bereiche genauer vorgestellt: Design, Marktwirtschaft, Journalismus, Pädagogik und Wissenschaft. Abschließend wird die für die Gattungstheorie relevante Frage nach einem Kanon beleuchtet und aufgezeigt, welche Ansätze es zum Erstellen eines Kanons der Videospiele gibt und an welchen Schwierigkeiten die Zusammenstellung eines solchen sowohl generell als auch in diesem gesonderten Kontext krankt.

Kap. 5 konsolidiert dann, gespeist aus den in Kap. 3 präsentierten Begriffen und den in Kap. 4 vorgestellten Diskursfeldern, eine Übersicht der für Videospiele relevanten Genreattribute und transformiert diese in die titelgebenden Genredimensionen. Die dazugehörigen Unterkapitel widmen sich jeweils einer dieser Dimensionen: Zunächst fällt der Blick auf die Systemmechanik, dann auf die Fiktionsästhetik und zum Schluss auf das Sozioritual. Es muss betont werden, dass dieser Reihenfolge keine Wertung innewohnt. In jedem Kapitel wird ein zentrales Fallbeispiel diskutiert, welches verständlich macht, wie sich eine Genredimension im Rahmen eines Videospiels verstehen lässt. Das jeweils gewählte Beispiel soll zum einen die Dimensions-Proportionen auf besonders vielfältige Weise zur Geltung bringen und zum anderen verdeutlichen, wie die Dimensionen durch die Komplexität des Videospiels herausgefordert werden. Unausweichlich mündet jedes Analysebeispiel einer Genredimension in relevante Querverweise auf die beiden anderen Dimensionen. Auch wenn die gewählte Kapitelstruktur damit rudimentär durchbrochen wird, müssen diese Verweise gezogen werden, um den tatsächlichen, höchst komplexen Gegebenheiten des Videospiels gerecht zu werden. Den Abschluss jedes Kapitels bildet darum ein Vermerk darauf, welche Faktoren das Verständnis unterschiedlicher Genremarker in einem Videospiel beeinflussen und wie die zunächst einzeln verstandenen Dimensionen ineinander übergreifen. Die Idee von Videospielgenres als Wechselwirkung dreier, an sich eigenständiger Dimensionen wird so im Verlauf des Werkes zunehmend komplex erschlossen.

Die Genredimension der Systemmechanik meint verallgemeinernd die mechanischen Elemente eines Videospiels. Grob gesagt, wird das Spiel als formales System verstanden. Eine zentrale Rolle spielen hierbei Regeln, die durch die Programmierung des Spiels fix vorgeschrieben werden und damit sowohl den ästhetischen Ausdruck als auch den Handlungsrahmen der Spieler*innen vordefinieren. Somit wird weiterhin aufgezeigt, dass Videospiele eine neue Art des Leseverständnisses benötigen: nämlich ein prozedurales Verständnis, welches im Kapitel ebenso thematisiert wird. Diese enormen Herausforderungen sollen am Beispiel von Segas 2018 erschienenem *Yakuza 6: The Song of Life* offengelegt werden. Der finale Teil der bereits 2005 (Sega) etablierten Spielserie perfektioniert die im Verlauf der Spielserie entwickelte Tendenz zum ludischen Einblick in eine Kultur und Gesellschaftssimulation. Im Avatar des Kiryu Kazuma, einer ehemaligen Schlüsselfigur der kriminellen Tokioter Yakuza, erkunden Spieler*innen ein Stadtviertel der japanischen Hauptstadt und den kleinen Küstenort Onomichi. Oberflächlich erscheint der Titel zunächst als Rollenspiel oder – aufgrund seiner Fokussierung auf Martial Arts und Kämpfe – als sogenanntes Beat-em'-Up. Das groß ausgelegte und frei erkundbare Spielareal bietet bei genauer Beobachtung jedoch ein Sammelsurium unzähliger spielmechanischer Welten. Nahezu jede spielmechanische Simulation innerhalb der Spielwelt, vom Straßenkampf mit anderen Mafia Clans bis hin zur Nahrungsaufnahme, wird – ganz im Sinne der Bedeutung des Ritus im japanischen Lebensalltag – zur regelhaften Spielhandlung. Durch seine imposante Bandbreite an verschiedenen Simulationsspielen innerhalb einer Spielewelt demonstriert *Yakuza 6: The Song of Life,* warum Videospiele als Facettenkataloge von Genres verstanden werden müssen. Insbesondere AAA Titel[1] mit großer inhaltlicher Breite sind zentral von der Handlungsdirektive

---

[1] AAA – gesprochen als Triple A – bezeichnet im Regelfall Videospiele, die mit hohem Budget und großem Entwicklerteam produziert wurden. Vergleichbar ist der Begriff mit dem in der Filmbranche verwendeten Term ‚Blockbuster'.

eines Genres bestimmt, doch vereinen sie oft die unterschiedlichsten genretypischen Handlungsmuster und Tropen in einem Spielrahmen. Konzeptualisiert als Facettenkatalog lässt sich passend formulieren, wie Genres nebeneinander existieren – sequenziell, innerhalb einer vom Spiel festgelegten Reihenfolge oder an unterschiedlichen Punkten individuell abspielbar – oder sich hybride vermengen.

Die Genredimension der Fiktionsästhetik beschreibt die narrative und audiovisuelle Komposition eines Videospiels, die auf einer Vielzahl von Sinneskanälen dessen virtuelle Welt und die Geschichte seiner handlungsmächtigen Protagonisten vermittelt. Dabei bedient sie sich an bekannten narrativen Handlungsmustern, Tropen und Inszenierungen, wie sie aus Literatur, Theater und Film bekannt sind. Es ist kein Geheimnis, dass sich Videospiele mit dem Fortschreiten technischer Möglichkeiten sowie dem wachsenden Bewusstsein der Spieleentwickler über erzählerische Möglichkeiten oft von den Erzählpraktiken anderer Medien beeinflussen lassen, um ihre virtuellen Welten auszugestalten. Zwar gerade in den frühen Stadien der Game Studies oft verkannt, verleiht das narrative Flair jedoch einem Spiel und der Wahrnehmung dessen Genres eine unverkennbare Nuance. Vorrangig soll die Ausgestaltung der fiktionsästhetischen Dimension am Beispiel des 2013 erschienenem *Dead Space* (Visceral Games) erläutert werden. In der Geschichte um den Avatar Isaac Clarke, einem Ingenieur, der auf einem von außerirdischen Feinden besetzten Raumfrachter strandet, ist die ästhetische Ausgestaltung des Genres über Plot-Struktur und Präsentation des Settings deutlich lesbar. Die Art des Schreckens von *Dead Space* wird oft als Survival Horror, einem Subgenre der Horror-orientierten Videospiele, kategorisiert. Survival Horror ist eines der vorrangigen Videospielnischengenres, dem man bisher vermehrt Aufmerksamkeit gewidmet hat (Therrien 2009, S. 32) – wohl, wie Bernard Perron feststellt, aufgrund der hohen popkulturellen Beliebtheit von Schauergeschichten (2009, S. 3). Zugleich dient *Dead Space* damit als Beispiel für die wechselseitige Beeinflussung von Genredimensionen, denn der Begriff Survival Horror ist sowohl auf systemmechanischer als auch auf fiktionsästhetischer Dimension mit Erwartungen verknüpft. Beispielsweise bringt man die Idee des Survival Horrors nicht nur mit klassischen erzählerischen Komponenten wie düsteren Kulissen und schauerlichen Monstern in Verbindung, sondern auch mit regelmechanischen Komponenten wie einem stark begrenzten Repertoire an Ressourcen, um die eigene Figur zu heilen, oder sich gegen feindliche Kreaturen zur Wehr zu setzen. Wenn Spieler*innen den Avatar Isaac von einer feindseligen Kreatur angegriffen sehen und sich entscheiden müssen, ob sie den letzten Schuss Munition riskieren oder doch die Flucht ergreifen, wirken die Dimensionen mit ihren jeweiligen Genremarkern gemeinsam einem Stimmungseffekt zu, der Spieler*innen explizit in einen thematisch orientierten Erfahrungsraum lenken möchte.

Der Sozialritus schließlich umschreibt die Auswirkungen, die menschliches Eigen- und Fremdhandeln auf die Erfahrung von Genres in Videospielen hat. In den bisherigen videospieltheoretischen Überlegungen, welche sich der Untersuchung von Gattungen widmen, haben soziale Gegebenheiten und ihr Ausdruck im Medium durch Interaktion bisher kaum Beachtung gefunden – ein fragwürdiger Zustand, wenn man bedenkt, dass sich Videospiele bereits in ihren ersten experimentellen Entwicklungsstadien als ludisches *communiquée* präsentierten.[2] Menschen treten über das Videospiel in Mediation und können, in seinem Rahmen miteinander interagieren. Formelle und informelle Verhaltensnormen stehen hier in Wechselwirkung. Somit kann man in einem Mehrspielerspiel direkten Einfluss auf die Spiel- und damit auf die Genreerfahrung der anderen Personen nehmen. Illustriert wird die Wirkung des sozialen Verhaltens auf die Genreerfahrung am Beispiel des Massively Multiplayer Online Role-Playing Games – gängig als MMORPG abgekürzt – *The Lord of the Rings Online* (Turbine 2007). Das Spiel erlaubt es, die virtuelle Interpretation von J.R.R. Tolkiens Mittelerde auf unterschiedlichste Arten ludisch zu erforschen. Hier haben sich unter anderem diversifizierte Spiele-Communities etabliert, in denen teilweise den formalen und teilweise den informellen Rahmenbedingungen und Möglichkeiten, welche die Spielwelt zur Interaktion bietet, mehr Bedeutung zugemessen wird. Genres im Falle von Videospielen als gesondert sozial aufzufassen, bedeutet neben dem offensichtlich notwendigen Augenmerk auf Mehrspielerspiele allerdings auch, dem einzelnen Menschen als soziales Wesen Beachtung zu schenken. Während man sich in passiven Medien nur restriktiv daran versuchen kann, Genreerwartungen durch die eigene bestehende Erwartungshaltung an die Rezeption zu bestätigen oder zu widerlegen, erlaubt es die prozedurale Gestalt des Videospiels, Genrekonzepte aktiv in das erlebte mediale Geschehen mit einzubinden. Das Medium evoziert also auch im Einzelspiel in einen maßgeblich genrebestimmenden Mensch-Maschine Dialog.

Kap. 6 liefert eine Modellskizze und einen dazugehörigen Best-Practice Leitfaden. Angeboten wird eine räumlich-grafische Darstellung der Videospieldimensionen, welche am Beispiel von *Bloodborne* (FromSoftware 2015) in ihrer Nutzung erläutert wird. Das Spiel wird in einer groben Übersicht präsentiert und anhand seiner Genremarker in den jeweiligen Dimensionen dargestellt. Gleichzeitig soll allerdings darauf verwiesen werden, dass eher ein fluider Gedankenprozess aufgeschlüsselt wird, nicht aber eine fixe Darstellung. In allen Genredimensionen,

---

[2] So etwa eines der frühesten Paravideospiele, *Tennis for Two* (William Higinbotham 1958). Der Lichtpunkt auf einem Oszilloskop simuliert einen Tennisball und benötigt stets zwei Spieler für einen Ballwechsel.

ihren gegenseitigen Beeinflussungen und ihren gemeinsamen Wirkweisen wird gezeigt, dass normative Unklarheiten und Streitfragen bestehen bleiben. Zudem wird die praktische Einfachheit des Modells ob seiner Komplexität direkt infrage gestellt. Es wird deutlich, dass sich auch das angebotene Modell nicht anmaßt, ein unmögliches Problemfeld aufzulösen, es jedoch einen ansprechenden Ansatz bietet, Videospielgenres grob zu erfassen und Genredimensionen anhand der Komplexitätsfaktoren Katalogisierung, Hybridisierung und Spielerabhängigkeit zu bedenken.

Kap. 7 bietet neben einem abschließenden Vermerk auch einen schemenhaften Ausblick auf weitere Spannungsfelder in der Erforschung von Videospielgenres. Thematisiert wird die gewaltige Veränderbarkeit, die Videospiele etwa durch Patch-Updates und Modding von aktiven Spieler*innen erfahren. Die Möglichkeit von Fan- und Spiele-Communities, Veränderungen an den, von Entwicklerseite aus bereits fertiggestellten, Werken vorzunehmen, ist eine in der Videospielkultur gängige Praxis.[3] Sie verdeutlicht erneut die ungewohnte Wirkmacht von Spiele-Communities auf die Genredimensionen eines Grundwerkes.

Fakt ist, dass der Genrebegriff in seiner kritisch zu betrachtenden Ordnungsfunktion immer noch der allgemein verwendete Grundgedanke zur Organisation von Videospielen ist. Videospielgenres dienen als allseits genutzte kommunikative Basis, sei es als Orientierungshilfe für Spieleentwickler, deren Vertriebe und Spieler*innen selbst als Einschätzungskriterien für Reviewer oder erster Anhaltspunkt einer wissenschaftlichen Analyse. Welcher Leitgedanke muss also eine zentrale Rolle spielen, wenn man sich dem Medium Videospiele über die Frage nach der Genrebestimmung annähern möchte? Zentral zu sein scheint bisher nur die Unbestimmtheit, welche wir uns zur Stärke der Forschung machen müssen.

1.1 Leitfragen

Entsprechend dem herausfordernden Widerspruch von Videospielgenres und intrinsischer Beständigkeit und dem erweiterten Verständnis von Genredimensionen

---

[3]Hier muss bündig angemerkt werden, dass die Werkabgeschlossenheit eines Videospiels *per se* von den Entwicklern untergraben werden kann. Patches – Ausbesserungen von Spielfehlern, aber auch grafische und regeltechnische Spielveränderungen – können heutzutage schnell über das Internet nachgereicht werden und Spielinhalte massiv verändern. Sogenannte ‚Day One' Patches, in denen ein Videospiel schon zur Veröffentlichung um mehrere Gigabyte an Daten ergänzt wird, sind keine Seltenheit mehr. Die Idee des abgeschlossenen Videospiels muss also, sowohl mit Augenmerk auf die Entwickler als auch die partizipativen Spieler*innen, mit Skepsis wahrgenommen werden.

zur Analyse der höchst wandelsamen Gattungsstruktur in Videospielen, ist dieses Werk im ersten und letzten Kapitel von einem Leitfragenkatalog gerahmt. Dieser soll zur Unterstützung des Textverständnisses dienen und auf die wichtigsten Denkschritte in der Erfassung von Videospielgenres aufmerksam machen. Allen weiteren Kapiteln folgt an dieser Stelle eine übersichtliche Zusammenfassung der wichtigsten Kernaussagen:

- Welche Begriffe sind für den Umgang mit Videospielgenres relevant?
- Wie lässt sich der aktuelle Diskurs über Videospielgenres skizzieren?
- Was sind oft zur Analyse herangezogenen Attribute von Videospielgenres?
- Welche drei Genredimensionen lassen sich in Videospielen feststellen?
- Wie stehen die drei Genredimensionen in Relation?
- Wie können Videospielgenres musterhaft grafisch beschrieben werden?
- Welche zentralen Herausforderungen bestehen in der weiteren Analyse von Spielgenres?

Das Videospiel. Ein objet ambigu

Zusammenfassung

Kap. 2 möchte der Unmöglichkeit einer Genretaxonomie des Videospiels pragmatische Relevanz und Forschungsanreiz verleihen. Dafür wird das Medium Videospiel mittels eines Motivs aus Literatur, Philosophie und Kulturwissenschaft erschlossen: dem *objet ambigu*. Gemeint ist damit die Idee des Gegenstandes, der sich aufgrund seines Facettenreichtums jedweder Kategorisierung entzieht. Das Kapitel hinterfragt den Sinn dieser Denkfigur und zieht einen Vergleich aus ihrer überraschenden Deckungsgleichheit mit der besonderen Komposition von Videospielen. Es stellt die Frage nach den philosophischen Richtlinien, die es uns seither ermöglicht haben, über nicht erfassbare Themenkomplexe zu sprechen. Darüber hinaus erforscht es, welche Lektionen aus dieser Erkenntnis gezogen und welche Synergien in der Anwendung bisheriger Arbeitsmethoden entdeckt werden können und wie beides nutzbringend in die Analyse von Videospielen überführt werden kann. Auch in der Analyse der virtuellen Welt und ihrer Genres muss, so demonstriert das *objet ambigu,* eine interdisziplinäre Synergie die Basis zur Erschließung einer Methodologie bilden.

Videospiele, soviel lässt die Einleitung bereits ahnen, sind in puncto Genreklassifikation ein widerspenstiges Biest. Vertreter der Medienkategorie ‚Videospiel' könnten vielseitiger nicht sein und reichen in ihrer Spannbreite vom kleinen Puzzlespiel für das Smartphone bis hin zum fantastischen Rollenspiel für den Computer, das auch einmal in mehreren hundert Stunden Spielzeit aufgehen kann. Um dem Medium für die in diesem Buch versammelte Offenlegung seiner Genrefacetten für eben diese besondere, fluide Qualität Anerkennung zu zollen, schlage ich einen Weg ein, in den Game Studies so bisher nicht in Erscheinung getreten ist: ich wage einen metaphorischen Vergleich des modernen Videospiels mit der literarisch-philosophischen Idee des sogenannten *objet ambigu*.

▸ Wer an diesem Buch rein mit Blick auf die Videospielgenres interessiert ist, kann direkt mit Kapitel drei fortfahren. Wer seine Erkenntnisse über Videospielgenres in einen philosophischen Gedankengang betten möchte, um deren Mannigfaltigkeit aus einer neuen, ungewohnten Perspektive zu erfassen, möge hier im Fließtext weiterlesen:

Ein *objet ambigu* ist ein Gegenstand, der sich weder in seiner Entstehung noch seiner Beschaffenheit klar bestimmen lässt. Dabei kann es sich um eine konkret existierende Sache handeln, welche den Kern eines wissenschaftlichen Analyseproblems bildet, oder aber auch um eine Metapher, wie sie in philosophischen Experimenten Anwendung findet. Die am meisten bestechende Charakteristik des *objet ambigu* ist dabei seine omnipräsente Mehrdeutigkeit. Jeder einzelne Bestandteil des Gegenstandes ist in sich geschlossen fassbar, und sinnig. Vereint in einem Gesamtwerk scheinen die Komponenten jedoch widersprüchlich, scheinen einander beispielsweise gemäß der Denkfigur ‚was ‚a' ist, kann nicht ‚b' sein' binär auszuschließen und verweigern sich damit einer ergebnisorientierten, analytischen Betrachtung. Da seine einzelnen Bestandteile nicht trennscharf aufgespalten werden können, bleibt das *objet ambigu* dem Betrachter konsequent rätselhaft.

Etabliert wurde der Begriff im Jahr 1923 von Paul Valéry in dessen dramatischem Text „Eupalinos ou l'architecte" (Eupalinos oder Der Architekt). In der Dialogsammlung lässt der französische Lyriker die beiden Philosophen Sokrates und Phaidros in der Unterwelt aufeinandertreffen. Jenseits aller vergangenen Weltverständnisse spazieren sie dort, ins Gespräch vertieft, am „Fluss der Zeit" (Valéry 1991, S. 42) entlang und diskutieren die ontologische Zusammensetzung der erfassbaren Wirklichkeit. Verpackt in eine Anekdote des Zweifelns im Angesicht der unendlichen Möglichkeiten des Lebens, die man nie alle wahrnehmen kann (Valéry 1991, S. 81–82), erzählt Sokrates nun von einem merkwürdigen Gegenstand, welchen die Meereswogen ans Ufer gespült haben. Er beschreibt es als „das zweideutigste Ding der Welt", welches ihn zu „unendlichen Überlegungen" (Valéry 1991, S. 82) inspiriert. Bereits in dieser Beobachtung der doppeldeutigen Beschaffenheit des Fundstücks wird der Widerspruch angedeutet, welcher für den Philosophen von zentraler Rolle sein wird. Sokrates beäugt das mysteriöse Objekt von sämtlichen Seiten genau, sieht sich jedoch nicht in der Lage, dessen Ursprung zu bestimmen. Auf die Frage „aus welchem Stoff" das geheimnisvolle Ding wohl wäre, antwortet Sokrates: „Das Stück war genau wie seine Form: Stoff für Zweifel" (Valéry 1991, S. 85). Nicht einmal zu einer Verortung auf gröbster ontologischer Ebene sieht sich Sokrates in der Lage: „Ich fragte es aus, ohne mich bei einer Antwort aufzuhalten …. Ob dieses eigentümliche Ding das Werk des Lebens sei oder das Werk der Kunst oder eines der Zeit oder ein Spiel der Natur, ich konnte es nicht entscheiden…" (Valéry 1991, S. 87). Auch dem Fundort des *objet ambigu* – dem Strand – wohnt eine besondere Metapher inne: „The seashore is not a place like any other place, but a threshold between nonbeing and being" (Bernhard 2010, S. 423). Der Strand ist ein besonderer Ort von symbolischer Bedeutung. Er steht dafür, dass zwei unterschiedliche Welten an einer diffusen Grenze aufeinandertreffen. Der Strand ist sowohl zum Meer gehörig als auch zur Küste. Er symbolisiert einen Ort der Begegnung, der untrennbar zwei nicht auf andere Weise kombinierbare Dimensionen miteinander vereint – und mit ihr das *objet ambigu* hervorbringt.

Aufgegriffen wird das Motiv des *objet ambigu* auch in der Kunst, beispielsweise von Luca Trevisani mit seiner Skulptur *Shangai [Mikado]* aus dem Jahr 2006.

In einem Mix aus weißer Koralle, Holz, Acrylglas, Kreide und Farbe wirken die stabförmigen Objekte teils wie von Menschenhand oder mit Werkzeug gefertigt, teils wie von Natur geschaffen. Sie hinterfragen den Kunstbegriff nicht, in dem sie das fertige Werk in den Mittelpunkt der Betrachtung rücken, sondern indem sie dessen Zustandekommen thematisieren. Trevisanis Arbeit betont den Charakter von „Transformation, Ambiguität, Transgression, Übersetzung, Prozesshaftigkeit und Enthierarchisierung" (Wiehager 2014, S. 16) des Werks. Statt erfolglos verstehen zu wollen, was da ist, gewinnt das Verstehen von Sinnbezügen und Oszillation zwischen den wahrgenommenen Instanzen Bedeutung.

Seit jeher spielt die Metapher des *objet ambigu* und dessen mysteriöse Beschaffenheit so eine wiederkehrende und tragende Rolle in Philosophie, Literatur- und Kunstwissenschaft. Die gestaltgewordene Dispositionsfigur dient als Symbol der Konsolidierung unvereinbarer Gedanken, in dem sie das Augenmerk auf die Wandelbarkeit von Strukturen und damit das Niederlegen von vermeintlichen Logikbarrieren proklamiert. Philosoph Peter Froos sieht die Wirkmacht des *objet ambigu* in den Werken von Kant, Deleuze und Duchamp wieder (1999, S. 12) in denen sich das Objekt als Werkzeug für ein „reflektierendes Urteil, als Begriff, als Differenz, als Diagramm oder Meßinstrument [sic]" etabliert (1999, S. 265). Tatsächlich steht die Metapher des *objet ambigu* damit in direktem Widerspruch zur vorherrschend empirischen Wissenschaftskultur. Den Leitgedanken, dass die Lebensrealität exakt bestimmbar sein muss, kontert sie mit der Provokation ihrer innewohnenden Ambiguität. Und genau hierin liegt ein

Vorteil: nämlich jener, ebenso wie bei Valérys Sokrates (Valéry 1991, S. 82), dass kreative Gedanken angeregt werden können.

Die Funktion zur Inspiration *objet ambigus* besteht demnach darin, ein Werk oder ein künstlerisches Artefakt nicht als lösungs- sondern als dispositionsorientiert zu betrachten und somit einen Möglichkeitsraum für neue Verständnishorizonte zu erschließen. Nach Biasi steht der Gegenstand für die „fassbare Form der *Disposition*" (2015, S. 90, Hervorhebung im Original), welche den Betrachter dazu zwingt Schubladendenken zu überwinden. Durch diesen Ansatz wird das *objet ambigu* von einer Denkfigur rein philosophischen Nutzens zu einem Gegenstand wissenschaftlicher Relevanz der „als vieldeutiger und strukturierter Gegenstand ein exzellentes Instrument zur Analyse der komplexen Dynamik des Ambiguitätsbegriffs" (Biasi 2015, S. 91) Verwendung finden kann. Das *objet ambigu* kann eine wichtige Rolle so in einem wissenschaftlichen Zweig spielen, in dem die Vieldeutigkeit eines Analyseobjekts problematisch ist: den Game Studies. Seit ihrer recht jungen formierten Zeit des Bestehens – diese kann etwa in den frühen 2000er Jahren mit der Begründung von Gamestudies.org verortet werden – haben die Game Studies unter der Splitterung ihres Forschungszweigs gelitten. Nicht zuletzt kann dies an dem bereits in der Einleitung beschworenen Konflikt zwischen den Ludologen und den Narratologen abgelesen werden. Gerade für einen Wissenschaftsbereich, dem ein solches Konfliktpotenzial nachgesagt wurde, beziehungsweise entgegen aller Konsolidierung immer noch nachgesagt wird, (Pfister 2018, n. p.), kann eine Prämisse, wie sie das *objet ambigu* nahelegt, ein wichtiger Schritt sein.

Ebenso wie das Fundstück des Sokrates lässt sich nämlich auch das Artefakt Videospiel nun durchaus als ein *objet ambigu* begreifen – ein mediales *objet ambigu*, um genau zu sein. Die Unfassbarkeit des Analysegegenstands ist eben der Ambiguität des Videospiels geschuldet. Videospiele setzen sich aus einer Vielzahl medialer Komponenten zusammen. Wie beim *objet ambigu* können diese nicht in Einzelteile getrennt werden. Beispielhaft kann dies an einer Spielszene aus dem Adventure *The Council* (Big Bad Wolf 2018) veranschaulicht werden (Abb. 2.1).

Am gezeigten Screenshot lassen sich bereits die unterschiedlichsten Elemente ablesen, die ein Teil des Gesamtbildes ergeben. Zu sehen ist Avatar Louis (links) in einem Wortgefecht mit einem vom Spiel gesteuerten Nichtspielercharakter. Intradiegetisch sehen wir eine filmisch inszenierte Szene. Der detailreiche Hintergrund ergibt mit den dunklen Holzvertäfelungen und dem Mobiliar den beklemmenden Eindruck eines alten Herrenhauses. Die gewählte Kameraperspektive und das warme Führungslicht, das eine Gesichtshälfte der Nichtspielerfigur im Schatten lässt, verstärken den Eindruck eines angespannten Moments. Extradiegetisch ist der Spielaugenblick mit einem Heads-Up-Display, kurz HUD,

2 Das Videospiel. Ein objet ambigu

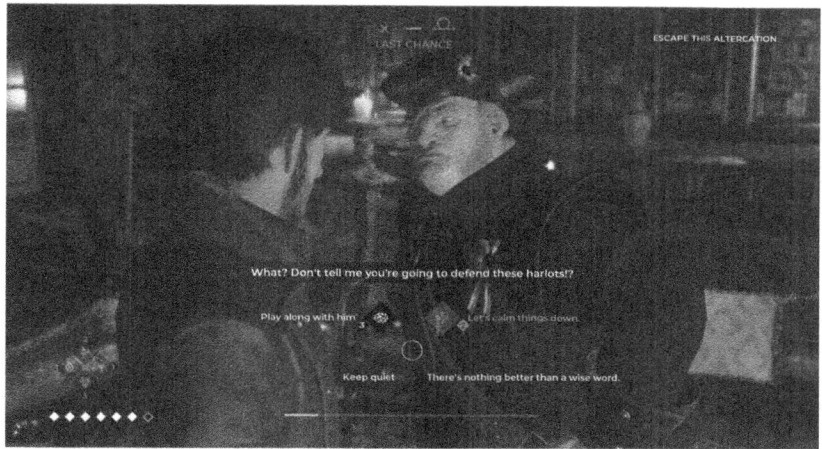

Abb. 2.1 Spielszene aus *The Council* (Big Bad Wolf 2018. Eigener Screenshot)

überlagert, welches Spieler*innen in das Geschehen einbindet. Textuell erläutert das HUD den aktuellen Kontext und die wichtigste Handlungsdirektive („Escape this Altercation", oben rechts). Dialoge werden zum besseren Verständnis untertitelt („What? Don't tell me you're going to defend these harlots?!", mittig) und Antwortmöglichkeiten für die Spieler*innen werden gegeben (mittig unten). Gleichzeitig expliziert das HUD über Symbole die Regeln der Situation für die Spieler*innen. Ein segmentierter Hinweisbalken (mittig oben) dokumentiert den Erfolg und Fortschrittsprozess des streng reglementierten Wortgefechts. Im gezeigten Screenshot ist er mit „Last Chance" untertitelt. Der Nichtspielercharakter muss nun also effektiv durch gekonnte Dialogführung überzeugt werden, um den Prozess fortsetzen und letztendlich zu einem für den Spielverlauf wichtigen Teilabschluss führen zu können. Diverse Symbole geben Auskunft über die aktuellen Ressourcen und Hilfsmittel (unten links), die dem Spieler*innen zur Verfügung stehen und genutzt werden können, um effektivere Dialogoptionen zu wählen. Zudem zeigt ein gelber, ablaufender Balken an (mittig unten), wieviel Zeit den Spieler*innen bleibt, um eigenständig eine Antwort wählen zu können – dadurch wird zusätzlicher, bedrohlicher Druck erzeugt.

Weitere involvierende Elemente von *The Council* können wiederum über die Bilddarstellung allein nicht vermittelt werden, sondern über zusätzlich eingesetzte Effekte. Die im Screenshot beschriebene Szene ist unterlegt von atmosphärischer

Musik und einer stimmigen Klangkulisse. Zum einen hört man die Fußschritte des Avatars in unterschiedlicher Lautstärke auf Teppich oder Marmor, zum andern sind alle Gesprächspartner synchronisiert und unterstreichen ihre jeweilige Stimmungslage durch tonale Nuancen. Lassen Spieler*innen den Avatar Louis gerissen mit seinem Gegenspieler interagieren – das HUD verweist hier etwa darauf, ob mit einem psychologischen Argument (durch das Gehirnsymbol dargestellt) bessere Erfolgschancen darauf bestehen, im Dialog die geistige Führung zu übernehmen und dem Gegenüber wertvolle Informationen zu entlocken – wird er durch ein dezentes, extradiegetisches Geräusch über den Erfolg oder Misserfolg informiert. Noch wichtiger ist jedoch die Feststellung, dass dieser Moment die Spieler*innen in intensives Gameplay, also eine besondere Spieldynamik, verwickelt. Videospiele sind hochkomplexe mediale Kompositionen, und müssen demnach immer als mediale Gesamterfahrung gesehen werden, unter der all diese Attribute in der interaktiven Spielerfahrung zusammenfließen.

Dieses Zusammenwirken höchst diversifizierter medialer Ausdrucksformen in Videospielen lässt sich ihm Rahmen von David Bolters und Richard Grusins Konzept der Remediation verstehen (2000). Gemeint ist damit „the formal logic by which new media refashion prior media forms" (2000, S. 273). Videospiele sind keine gänzlich neuartige Form medialen Ausdrucks. Sie bedienen sich unter anderem der Schlüsselreize Text, Akustik und Visualität, allesamt vereint unter der Prämisse der Interaktivität. Nach Bolter and Grusin lässt sich Remediation weiters im Zusammenhang mit den von ihnen erläuterten Prizipien von Hypermediacy und Immediacy erläutern (2000, S. 20–52), was im Falle von Videospielen besonders zutreffend zu sein scheint. So gibt es neue Medien, die der Prämisse der Immediacy folgen, da sie in ihrer Vermittlung von Informationen auf eine immanente, direkte und realitätsnahe Darstellung abzielen. „In this sense, a transparent interface would be one that erases itself, so that the user is no longer aware of confronting a medium, but instead stands in an immediate relationship to the contents of that medium" (Bolter und Grusin 2000, S. 24). Publikum und Nutzer sollen sich in ein Geschehnis versetzt fühlen und dabei die eigentliche mediale Vermittlung geistig ausblenden. Gleichzeitig gibt es aber auch mediale Darstellungsformen, welche der Darstellungsformel einer Hypermediacy folgen. Hypermediacy verbindet unterschiedliche Formen medialer Darstellung und macht diese dem Betrachter deutlich (Bolter und Grusin 2000, S. 34). Das Erscheinungsbild aktueller medialer Ausdrucksformen, wie die verschiedenen inhaltlichen Ebenen in *The Council* effektvoll zum Ausdruck bringen: Neuere Medien arbeiten sehr bewusst mit den Kanälen existierender medialer Kommunikationsformen. Darstellungsformen wie die des Videospiels ergeben sich aus dem ineinandergreifen medialer Darstellungsformen – dabei betonen Bolter and Grusin in *d'accord* mit der Bedeutung *objet ambigu* vor allem die Prozesshaftigkeit des Zusammenspiels einzelner Komponenten (2000, S. 31).

Die besondere Immersionswirkung des Videospiels ergibt sich nun aus einem Zusammenspiel von Hypermediacy und Immediacy. „The elements of immediacy and hypermediacy combine to create an effect that many computer game designers have consciously or unconsciously imitated" (Bolter und Grusin 2000, S. 94), mit diesem Effekt meinen sie die Immersion. Immersion, die faszinierende Sogwirkung eines Videospiels, sich in seiner virtuellen Welt, ihren Regeln und ästhetischen Eigenheiten zu verlieren, wird von Janet Murray wie folgt beschrieben:

> The experience of being transported to an elaborately simulated place is pleasurable in itself, regardless of the fantasy content. *Immersion* is a metaphorical term derived from the physical experience of being submerged in water. We seek the same feeling from a psychologically immersive experience that we do from a plunge in the ocean or swimming pool: the sensation of being surrounded by a completely other reality, as different as water is from air, that takes over all of our attention, our whole perceptual apparatus. (Murray 1997, S. 98, Hervorhebung im Original)

In ein interaktives Medium einzutauchen gleicht für Murray demnach dem „learning to swim, to do the things that the new environment makes possible" (1997, S. 99): Im Falle von *The Council* lernen wir die Regeln des Spiels, lernen uns in seiner Welt zu bewegen und vertiefen uns so in den Flow (nach Csíkszentmihályi 1991), die positive Empfindung vollkommener gleichwohl herausfordernder Eingebundenheit zwischen Herausforderung, Erlernen und Beherrschen einer anregenden Aktivität. Jede Ebene des Videospiels wirkt sowohl als einzelner Bestandteil als auch im Zusammenhang mit den anderen Ebenen im Rahmen der Remediation einer, im Falle von *The Council,* abenteuerlichen und spannenden, virtuellen Spielwelt. Gemeinsam bieten sie eine komplexe Gesamterfahrung und stellen eben jene Erfahrung in den Wirkvordergrund, die somit bedeutsamer als die Summe aller individuellen Wirkeffekte werden, aus denen sie sich speist.

Wissenschaftliche Analysen des Videospiels scheitern traditionell immer wieder an der infiniten Vielschichtigkeit und finiten bzw. nur scheinbar infiniten Unbestimmbarkeit dieses immersiven Erfahrungsraumes. Ähnlich dem *objet ambigu* sind seine einzelnen Komponenten potenziell in sich geschlossen begreifbar, doch die Beschreibung des individuellen Fragments kann eben auch nur einen Teil der Gesamtkomposition des Mediums erfassen. Die Erfahrung, ein Videospiel zu spielen, ergibt sich immer aus der Synergie aller partizipierenden, unabdingbar zusammengebrachten Elemente. Seit jeher leiden die Game Studies als akademisches Feld darunter, dass ihr eigentlicher Analysegegenstand kaum zu erschließen ist (vgl., unter anderem, Freyermuth 2015; Egenfeldt-Nielsen et al. 2016; Feige 2015). Ausgehend von individuellen Disziplinen und Forschungsfeldern wird versucht, der Ambiguität des Mediums mit den hauseigenen Methodologien und theoretischen Ansätzen gerecht zu werden, was automatisch Verständnisbrüche evoziert. Tanya Krzywinska umschreibt den Status Quo der Game Studies daher zu Recht als die Bildung kristalliner Orthodoxien und warnte davor, dass sich somit Strukturen begründen, die keinen Platz für akademische Neukonzeptionen lassen würden (2006, S. 120). Über das Videospiel zu diskutieren bedeutet, über einen Dispositionsraum zu sprechen, in dem sich eine beeindruckende Varianz medialer Einflüsse und Transformationskraft verzeichnen lässt.

Das Videospiel als *objet ambigu* zu verstehen erleichtert uns den wissenschaftlichen Umgang mit ihm. Durch diesen Gedankenschritt wird intrinsisch und unwiderruflich ein Verständnis begründet, nachdem das Videospiel interdisziplinär aufgefasst werden muss. Als *objet ambigu* muss das Videospiel nicht mehr hierarchisch als eine Art von Medium – welches in den Nachwehen des vergangenen Paradigmenstreits entweder ‚Narration mit spielerischen Komponenten' oder ‚Spiel mit narrativen Komponenten' kategorisiert werden musste. Auch die Debatte um Videospielgenres, so Järvinen, muss eine konfliktbehaftete sein, denn „a game genre equals hybridity, because game genres are complex sums of interaction and rule mechanisms, audiovisual styles, and popular fiction genre conventions" (2002, n. p.). Der Fokus wird verschoben auf das elegante Zusammenspiel unterschiedlicher Sinnes- und Verständnisebenen und auf die Frage, nach welchen Prinzipien deren Zusammenspiel verstanden werden kann. Das Videospiel als *objet ambigu* auf seine Genredimensionen hin untersuchen muss demnach im Sinne des vorliegenden Werkes auch gattungstheoretische Ansprüche von Grund auf neu formulieren. In altvertrauten Mustern zu verharren und Videospiele rein nach einer ihrer Genrelogiken zu verstehen, würde sowohl für das Game Design als auch die Game Studies Stagnation folgendes bedeuten: Werden Spiele nur nach dem Blick auf eine vorherrschende Genrelogik gestaltet, werden diese auch vornehmlich nur nach eben jener bestimmenden Logik produziert, rezipiert und analysiert. Das „complex layering of genre" in Videospielen, wie es Thomas Apperley bezeichnete, (2006, S. 9) bedarf einer Ansammlung diverser Begriffe, zusammengesetzt aus den unterschiedlichsten etablierten Disziplinen, die in ihrer jetzigen Anwendung nicht ausreicht, um vollständig erfassen können, wie Genre-Effekte über das Medium generiert werden. Ein Fokus auf das amorphe Zusammenspiel unterschiedlicher Sinnes- und Verständnisebenen hingegen bringt neue Perspektiven auf die faszinierende, wandelsame Genre-Welt der Erfahrungsmaschine[1] Videospiel zum Vorschein.

2.1 Zusammenfassung

Unter dem Begriff *objet ambigu* versteht man einen von Ambiguität gezeichneten Gegenstand. Zeitgleich kann er mehreren Sinnebenen zugeordnet werden, die in sich geschlossen Sinn ergeben, als unabdingbar miteinander verwurzelte Bestandteile eines Ganzen jedoch widersprüchlich erscheinen. Die Idee des *objet ambigu* spielt auf vielen künstlerischen und philosophischen Ebenen eine tragende Rolle. Der Gegenstand, der alles und zugleich nichts sein kann, ist ein Sinnbild eines intellektuellen Zwischenraumes, der uns unmöglich erscheint, jedoch offensichtlich existiert. Damit bietet er einen interessanten Ansatz zur Erschließung wissenschaftlicher Probleme, die sich dem empirischen Verständnis zu entziehen scheinen.

Videospiele lassen sich aufgrund ihrer medialen Beschaffenheit treffend als *objet ambigu* auffassen. Sie vereinen die Remediation unterschiedlicher Medientraditionen und deren spezifischen Ausdrucksformen zu einer komplexen Gesamterfahrung. Jedes Videospiel ist somit ein Artefakt, dessen individueller Erfahrungshorizont sich aus einer variantenreichen Summe kognitiver Reize zusammensetzt und sich nur durch das einmalige Zutun der Spieler*innen ergibt. Aufgrund dieser Eigenschaften sind seine einzelnen Komponenten an sich zwar schlüssig und fachspezifisch finit analysierbar, jedoch gleichwohl nie in der Lage, eine Videospielerfahrung im Gesamten zu erfassen. Holistisch ist das Videospiel also niemals eindeutig einem Untersuchungsgebiet zuordenbar.

Für die Untersuchung von Videospielgenres gleicht diese Erkenntnis einer Aufforderung zur Rekonzeption bisheriger Forschungsprozesse. Videospiele bedienen sich unzähliger Muster, welche als bekannte Genremarker identifizierbar sind. Diese Marker setzen sich jedoch – bedingt durch die multimediale Komposition des Videospiels – aus einem heterogenen Satz von Genresystemen zusammen, die auf dezidiert verschiedene Arten operieren. Zwar können diese Ebenen in sich

---

[1] Im Sinne von Mark Silcox werden Videospiele als Produktionsstätten virtueller, schätzenswerter Erfahrungen in bereichernder Symbiose zu echtweltlichen Erfahrungen (2017, S. 5) verstanden.

geschlossen untersucht werden, innovativ am Videospiel sind jedoch die Berührflächen und wechselseitigen Abhängigkeiten dieser unterschiedlichen Systematiken. Durch das Interaktionspotenzial werden sie gemeinsam von Spieler*innen abgefragt, in Resonanz gebracht und gebündelt als Spielerfahrung erlebt. Die Genreforschung des Videospiels als *objet ambigu* funktioniert also nach bekannten Begriffen, die in einem neuerlichen Transformationsprozess verstanden werden wollen.

Genre, Wandel, Videospiel 3

> **Zusammenfassung**
>
> Kap. 3 führt die wichtigsten Grundbegriffe der Gattungstheorie in ihrem wissenschaftlichen Ursprung und ihrer Relevanz für die weiterführende Übersicht zur Analyse von Videospielen ein. Anhand der auf die Antike zurückgehenden Geschichte der Gattungen werden die wichtigsten Grundbegriffe und handlungsweisenden Maximen präsentiert. In gesonderter, detaillierter Form widmet sich das Kapitel im Folgenden den wichtigen Umbrüchen der Gattungstheorie hin zum New Criticism der 1970er Jahre. Thematisiert wird hier der Wandel von einer auf Ordnung fokussierten Gattungstheorie der Kategorien zu einer auf Strömung fokussierten Gattungstheorie der Prozesse, die sich den zuGrunde liegenden Paradigmen des Genrewandels verschreibt. Zwei weitere Unterkapitel beschäftigen sich mit zentralen Überlegungen, die in der modernen Genretheorie bis heute zunehmend an Bedeutung gewinnen: dem Verständnis von Genre als Ideologiemechanismus sowie der Perspektive von Historizität. Abgerundet wird das Kapitel von einem, besonders im Rahmen der Videospiele, zentralen Treibmotor: den technologischen Entwicklungen, die zu einer rasanten Wucherung von Genreklassifikationen und Fragen ordnungsbezogener Natur beigetragen haben.

Der Begriff ‚Genre' ist, in seiner Verwendung von der Umgangssprache hin zum wissenschaftlichen Gebrauch, sowohl funktional notwendig als auch unausweichlich diffus. Notwendig waren und sind Genres seit jeher für die alltägliche Sinnstiftung: Der Trieb zur schlüssigen Kategorisierung und zur Klassifizierung wohnt der menschlichen Natur inne (vgl. McDowell 1996; Harnad 2005) und somit sind auch „Genre classifications … real. They have an organizing force in everyday life. They are embedded in material infrastructures and in the recurrent practices of classifying and differentiating kinds of symbolic action" (Frow

2015, S. 14, original emphasis). Die Verwendung von Genres aus Bequemlichkeit (Abrams 1999, S. 110) trägt aber, so kann man vermuten, auch zur Konturlosigkeit des Begriffs bei. „'Genre' is a classifying term, but genres are not well-defined and stable classes governing objects in a closed set" (Frow 2015, S. 31). Das Verständnis weltlicher Begebenheiten lässt sich nicht zu 100 % trennscharf schematisieren, wie schon vielerorts betont wurde (vgl. Apperley 2006; Arsenault 2009 oder Lessard 2014).

Die mangelnde Trennschärfe im Umgang mit dem Begriff klingt schon in seiner Etymologie an. Er leitet sich aus dem Französischen ab, wo ihm, so Dominic Arsenault, schon immer eine Unschärfe innewohnte (2009, S. 157). Er umschreibt in seiner Annäherung an das Konzept Videospielgenre den Begriff darum kategorisch als „marker of impreciseness", genutzt für „broad, imprecise generalizations" (Arsenault 2009, S. 158). Erschwerend hinzu kommt noch die Divergenz des Gebrauchs von Genre in Alltags- und wissenschaftlichen Jargons: „everyday usage that acts as little more than tags in a diffuse and imprecise whole, and theoretical categories or constructs meant to be structured and rational" (Arsenault 2009, S. 158 nach Todorov 1970). Für die Wissenschaft ist die genaue Definition eines Begriffes jedoch von enormer Bedeutung. Wie dieser, schon von Anfang an als nicht trennscharf gebrandmarkte, Begriff mit empirischem Sprachgebrauch vereinbar ist, bleibt derweil unbeantwortet.

Trotz aller offensichtlich berechtigten Kritik an der immanenten Trennschärfe des Genregedankens muss auf sein traditionelles Vokabular zurückgegriffen werden, um sich neue, für die Analyse von Videospielgenres notwendige Methodologien zu erschließen. Videospielgenres machen alte Genreideen nicht obsolet, sondern bedienen sich wiederkehrender Muster in Bildsprache oder mechanischer Ausgestaltung, die mit bekannten Genrebegriffen umschrieben werden können. Allerdings kombinieren sie Genrekonzepte mit sehr unterschiedlichen Wirkweisen. Klassifikationen von Spielmechanismen mischen sich mit Definitionen von Film oder von Textgattungen und werden von verschiedensten Quellen uneinig auf Videospiele angewendet. Zudem fügen Videospiele den Genrekonzepten die äußerst individuelle Note der Interaktion hinzu. Erst das Handeln menschlicher Akteure versetzt die Genremarker eines Videospiels in Resonanz.

Um die vorliegende Überlegung zur Skizzierung von Videospielgenres und ihren Wirkweisen sinnig zu untermauern, werden im Folgenden die relevantesten Grundlagen der Gattungstheorie rekapituliert. Dies geschieht in einem Überblick über die Grundfunktionen des Genrebegriffs, seinen aktuellen Schwerpunkten sowie über Fragen der Ideologie Historizität, und der Technik als Initiator von Genrewandlungen. Alle Themenfelder sind direkt in Bezug auf Videospiele gesetzt.

3.1 Ursprünge und Funktionen des Genrebegriffs

Grundlegend ist der Genrebegriff als strukturgebend konzipiert, was sich in seinen zwei primären Verwendungsarten widerspiegelt: Der Unterteilung und der Hierarchisierung. Er fand seine erste literaturwissenschaftliche Verwendung in der Unterscheidung der drei großen Gattungen, eingeteilt nach ihrem dominanten Sprechakt: der Lyrik, dem Drama und der Prosa (vgl. Wenzel 2013a, S. 244; Abrams 1999, S. 108). Auch ergaben sich aus diesen heraus klarer definierte Unterkategorien oder Subgenres, etwa die Tragödie oder Komödie aus dem Drama, was wiederum die zunehmend hierarchische Verwendung von Genrebegriffen festigte. Ab der Renaissance wurden Genres als fest definierte Einteilungen künstlerischer Traditionen verstanden, in denen sich Über- und Unterkategorien durch klar ausgelegte Regeln, wie der Verwendung bestimmter Figurenarchetypen oder inhaltlicher Strukturen, trennen und unterscheiden ließen. Gerade in der Neoklassik wurde ob dieser vorherrschenden Meinung besonders die Reinheit eines Genres als wichtig erachtet, das Experimentieren mit Genre-Mischungen de facto ausgeschlossen und stigmatisiert (Abrams 1999, S. 108).

Auch in der Geschichte der Videospiele waren solch essentialistische Ansätze seit jeher verankert. Sowohl von Spielpraktikern als auch -wissenschaftlern werden in Regelmäßigkeit Versuche unternommen, eine Taxonomie des Videospiels zu ergründen (vgl. u. a. Crawford 1984; Wolf 2001; Egenfeldt-Nielsenet et al. 2016). Diese Versuche bedienen sich häufig klassischer Begriffe und Gedanken aus der Gattungstheorie, wie etwa dem Rückgriff auf Haupt- und Subgenres. Parallel zu den bisher gemachten Beobachtungen über die Gattungstheorie belegten diese Taxonomien mal um mal die gängigen Probleme der Genres. Bereits der erste Versuch einer kategorischen Unterteilung von Videospielen, wie er im Kap. 4 genauer erläutert wird, ist gezeichnet von Unstimmigkeiten. Selbst frühe, aus heutiger Perspektive heraus beinahe schon primitiv anmutende Arcade-Titel etwa, lassen sich oft problemlos in mehrere Kategorien einpassen. Dennoch gab es diese Versuche, die nun als Zeugnisse des kontinuierlichen Bedarfs und gleichzeitig Scheiterns der Genre-Idee verstanden werden können.

Der heutige Minimalkonsens über den Begriff, wie ihn der Medienkultur- und Theaterwissenschaftler Peter Scheinpflug betitelt, beschreibt ein „Genre [als] eine Gruppe von Texten, die gemeinsame Gruppenspezifika (Genre-Konventionen) aufweisen" (2014, S. 3) und hinterfragt mit dem Begriff ‚Gruppe' einen elementaren Wesenszug des Genregedankens: Was sind die treibenden Faktoren, gemäß derer sich diese Gruppen formieren, und ist dies ein bewusst organisierter oder chaotisch-selbstbestimmender Prozess?

In „The Law of Genre" widmete sich Jaques Derrida dieser Frage mit einem interessanten Gedankenspiel:

> a text cannot belong to no genre, it cannot be without or less a genre. Every text participates in one or several genres, there is no genreless text; there is always a genre and genres, yet such participation never amounts to belonging. And not because of an abundant overflowing or a free, anarchic and unclassifiable productivity, but because of the trait of participation itself, because of the effect of the code and of the generic mark. Making genre its mark, a text demarcates itself. If remarks of belonging belong without belonging, participate without belonging, then genre-designations cannot be simply part of the corpus. (1980, S. 65)

Im Vakuum betrachtet kann ein Werk allein keinem Genre zugehören und ist in seiner Beschaffenheit einmalig. Erst im Vergleich mit anderen Werken lassen sich gemeinsame formale oder inhaltliche Attribute feststellen. Jedes Werk, das diesem Korpus hinzugefügt werden soll, kann dann, angenommen es verfügt über vergleichbare Attribute, als Teil des Genres betrachtet werden. Dennoch prägen neben Derridas Bottom-Up Ansatz zu Genrebildungen auch Top-Down-Modelle das Verständnis von Genreformierungsprozessen. Über die methodischen Ansätze zur Bestimmung der Herkunft der Genres und ihrer Korpora machten sich Janet Staiger und David Gerstner in ihrem 2003 veröffentlichten Buch *Autorship and Film* Gedanken. Sie nennen vier mögliche Ursprünge eines Genres und charakterisiert diese wie folgt:

Der Idealist Ansatz:	Ein Werk wird exemplarisch als Musterbeispiel für das Essentielle einer Genrekategorie nominiert.
Der Empiricist Ansatz:	ein großer Korpus an Filmen wird anhand objektiver Kriterien katalogisiert.
Der *A Priori* Ansatz:	vorab ausgewählte Kategorien dienen zur Findung eines Genres bei der Analyse.
Der Social Convention Ansatz:	Es gibt kulturell bedingt verschiedene Vorstellungen davon, was ein Genre ausmacht.

Scheinpflug, der Staigers und Gerstners Auflistung in seinem Verständnis von Genre und Korpus listet, evaluiert diese kritisch (2014, S. 3–5). Er unterstreicht etwa die Willkür, die dem Idealist und *A Priori* Modell innewohnt: Sie beschreiben nicht, warum gerade ein spezifisches Werk als Maßstab dienen soll oder aus

3.1 Ursprünge und Funktionen des Genrebegriffs

welchen Kriterien heraus sich ein Kategoriensatz ableiten lässt. Auch das Empiricist Modell erachtet Scheinpflug als tautologisch, denn ebenso wie die A priori Methode bedarf es einer Vorauswahl von Attributen – wie werden diese sortiert? Und wie soll das Genre-Konzept einer Kultur bestimmt werden?

Von diesen Grundgedanken von Genres weg lassen sich über die Arbeit des Filmwissenschaftlers Rick Altmann die vier unterschiedlichen Funktionsweisen von Genres festhalten (Altman 1999, S. 14):

Genre als Blaupause: Die Funktion als Plan für die kulturindustrielle Anfertigung.
Genre als Struktur: Der formelle Rahmen eines kulturellen Werks.
Genre als Label: Die Kategorienbezeichnung zur Kommunikation von Vertriebsseite.
Genre als Vertrag: Die Verständnisbasis der Werksrezipienten.

Auch wenn man diese Begriffe – sowie, offensichtlich, die Natur des ‚Genre' an sich – kritisch hinterfragen muss, bedarf es eines gemeinsamen Vokabulars, um Genrephänomene zu besprechen. Einige der eingeführten Bezeichnungen und deren Erläuterungen sind gewiss auch heute noch nützlich, um Videospielgenres analytisch zu erfassen. Schließlich werden Videospiele, unter anderem, wie selbstverständlich über Genrebegriffe vermarktet. Das Genre eines Videospiels weckt Erwartungen bei Spieler*innen und für die Analyse bietet es wichtige erste Anhaltspunkte. Das Medium entwickelte sich innerhalb eines kulturellen Fensters zwischen Literatur und Film, dessen Vokabular von der Allgemeinheit ohne produktive Reflektion übernommen wurde und das nun aufgrund seiner Omnipräsenz und Vorgeschichte beibehalten werden muss, immerhin aber kreativ umgewidmet und ergänzt werden kann. Darum zeigen sich auch in den Überlegungen des Medienwissenschaftlers Frans Mäyrä, der Bedeutung von Genresprache innerhalb Game Studies eben auf jene alltägliche Verwendung zurückführt, die nicht zu verleugnenden und kaum zu überwindenden etymologischen Wurzeln der Arbeit mit Videospielgenres – sie hilft uns ein vages Verständnis des Gegenstandsbereiches zu haben, um das es sich in der Debatte dreht, nämlich darum, Genreprinzipien verständlich zu machen (2008, S. 70).

3.2 Leitfragen der modernen Genretheorie

Der Umbruch hin zu einem New Criticism in der Genretheorie, welche sich von der Idee des Genres als Kategorisierungswerkzeug abwendet und die komplexe Diffusion des Begriffs ins Zentrum stellt, wird von Abrams in der Mitte des 19. Jahrhunderts verortet. (1999, S. 109). In dieser Zeit ist innerhalb der Gattungsforschung ein Wandel von strukturalistischen, arrangierenden Ansätzen zu poststrukturalistischen Perspektiven, die sich kritisch der Prozesshaftigkeit von Genres widmen, zu bemerken. Scheinpflug verweist in diesem Zusammenhang auf das große Aufkommen nicht-essentialistischer Genrethesen der 1970, die sich gerade in den Filmwissenschaften zum Standard etabliert hatten (2014, S. 13–15) und die hier folgend als Leitfragen präsentiert und um relevante Theorien und ihrer aktuellen Rolle in der Analyse von Videospielgenres ergänzt werden:

Die **Frage der Natürlichkeit und Immanenz.** Genres sind nicht transzendental existent, wie schon anhand Derridas „Law of Genre" erläutert wurde, sondern formieren sich aus einer Summe von Werken. Damit werden zwei Aussagen über Genres gefasst: Sie sind einerseits eine Frage der Interpretation (welches Werk kann einem Korpus zugeordnet werden? Welches nicht?) und werden andererseits immer dann deutlich, wenn scheinbar klar austaxierte Genrekonventionen ausgehebelt werden. Betrachtet man beispielsweise die sogenannten Ego-, beziehungsweise First-Person Shooter, so werden First-Person Shooter gemeinhin durch ihre Kameraperspektive definiert. Sie lassen Spieler*innen die Spielwelt durch die Augen ihrer Protagonisten sehen. Diese Perspektive wird dann als Perspektive der Gewalt interpretiert: Aus Perspektive des Avatars ist in den meisten Fällen eine Waffe ersichtlich, die in die Welt gerichtet wird. Die weitere Direktive von First-Person Shootern lässt sich „als eine Handlungsform des ›Zielen-Schießens‹ und des ›Raum-Aneignens‹ … beschreiben" (Bopp et al. 2009, S. 9). Nimmt man diese vereinfachte Definition als Grundlage, ist schnell ersichtlich, dass sich Titel, die dem Genre zugeordnet werden können, immer mit der allgemeinen Definition reiben. In dem aufgrund seiner Perspektive dem First-Person Shooter zugeordneten *Portal* (Valve Cooperation 2007) verfügt der Avatar wohl über eine Waffe, diese wird jedoch nicht als Schusswaffe im traditionellen Sinne verwendet, sondern dient Spieler*innen dazu die titelgebenden Portale zu erschaffen mit denen man sich an Feinden vorbei und durch komplexe Levelstrukturen hindurch manövriert. Das Spiel *Superhot* (SUPERHOT Team 2016) erfüllt die Bedingung der Perspektive und ist primär auf das Abschießen von Gegnern ausgelegt. Der Titel hebt sich allerdings durch seinen interessanten Zugang zum Konzept der Zeit im Spiel von anderen First-Person Shootern ab. Zeit vergeht

3.2 Leitfragen der modernen Genretheorie

in *Superhot* als zähe Super-Slow-Motion. Sie fließt nur dann in mit der Realität vergleichbarem Tempo, wenn sich der Avatar bewegt, womit die Prämisse der Raum-Aneignung von einer reaktionsreichen Dynamik zu einer strategischen Spielart umfunktioniert wird. *Superhot* widerspricht damit nicht direkt dem Genrekern nach Bopp, Nohr und Wiemer, geht aber auch nicht ohne Weiteres einher mit den allgemeinen Vorstellungen eines Ego-Shooters als schnellem Schießspiel. Es drängen sich Fragen auf, was First-Person Shooter dementsprechend in ihrem Wesen sein sollen und warum *Superhot* oder *Portal* trotz ihrer Genremarker so ungewöhnlich wirken und das Genre subversiv zu unterwandern scheinen.

Des Weiteren folgt die **Frage der Stabilitätsgebung** – oder vielmehr die Feststellung, dass keine stabilen Konventionen über die Genrebestimmung eines Werks existieren. In diesem Zusammenhang wird oft Ludwig Wittgensteins Überlegung der Sprachspiele zitiert (1967). Wittgensteins Konzept zieht keine klare Trennlinie zwischen Gattungsfeldern, sondern bietet stattdessen die Idee eines amorphen Pools von Attributen. Einem Genre zuzugehören bedeutet demnach, über gewisse Attribute aus diesem Pool zu verfügen. Damit ließe sich etwa erläutern, warum gewisse Qualitäten im allgemeinen Verständnis verschiedener Genres zu finden sind – etwa die Raum-Aneignung des Ego-Shooters, die auch in militärischen Strategiespielen eine Rolle spielen kann. Beispiele wie dieses machen ersichtlich, dass Wittgensteins Idee auch in den Game Studies Zuspruch findet (vgl. Egenfeldt-Nielsen et al. 2016, S. 33) – was sicherlich der großen Spannbreite an Videospielen zu verdanken ist. Zwar ist die Familienähnlichkeit damit hilfreich für ein generelles Verständnis von Genrekonstellationen des Videospiels, birgt jedoch aufgrund ihrer universellen Inklusivität auch neue Problemstellungen. Zum Beispiel stellt die Subjektivität von Attributen, gerade im interpretationsbestimmten Medium Videospiel, eine nicht zu vernachlässigende Krux dar. Es ist fraglich, ob allein der Fakt, dass Videospiele Empfindungen von Spaß und Freude auslösen können, ausreichend ergründet ist, um einen Genremarker zu stellen, oder das Empfinden von Spaß überhaupt intersubjektiv kommunizierbar ist. Die Familienähnlichkeit hilft in der Erfassung von Videospielgenres also nur unzulänglich.

Die **Frage der Grenzen** von Genres. Genres können sich in der Komposition ihrer Attribute sehr ähnlich sein, beziehungsweise – so kann man es in direktem Bezug auf Wittgenstein sagen – eine hohe Familienähnlichkeit haben. Für die Analyse von Videospielen ist dies relevant, da es ein Leichtes ist, Genregrenzen im virtuellen Raum ineinander übergleiten zu lassen. In einem Spiel wie *GTA 5* (Rockstar North 2013) etwa können Spieler*innen mit ihren Avataren schießen, rennen fahren oder gar am virtuellen Yogatraining teilnehmen. Titel wie *GTA 5* werden darum auch oft als Sandbox-Spiele bezeichnet, da sie einem metaphorischen Sandkasten zum eigenen Ausprobieren unterschiedlichster Sinneinheiten von Aktionen bieten. Sandbox-Titel prägen die Geschichte der Videospiele, mit stetig wachsenden Hardware-Leistungen von Computern und Konsolen sowie den damit verbundenen Möglichkeiten, Spielwelten immer größer und interaktionsreicher zu gestalten vermehrt seit den frühen 2000er Jahren. Journalist Douglas Perry kommentierte bereits 2003 einen „Death of the Genre" (2003, n. p.) im traditionellen Sinne und beschrieb, wie Videospiele immer mehr in den Sandbox-Bereich ‚Multigattung' fallen – ein Trend, der sich insbesondere unter den AAA Titeln bis heute fortsetzt. Auch wissenschaftlich ist das Verschwimmen von Genregrenzen als Norm im Videospiel dementsprechend bereits observiert und diskutiert worden (vgl. u. a. Beil 2012, 2015) und stellt, vertreten durch den Titel *Yakuza 6: The Song of Life*, auch in diesem Werk einen wichtigen Typus von Fallbeispiel dar (siehe Abschn. 5.2).

Die **Frage der Evolution** von Genres. Genres sind „weder ahistorisch noch folgen sie einem einheitlichen Entwicklungsprozess" (Scheinpflug 2014, S. 14), sondern entwickeln sich, vergleichbar mit der biologischen Evolution im Sinne einer Nischenfindung, inspiriert durch die unterschiedlichsten und nicht stringent operierenden Faktoren. Als beispielhaft hierfür können die oft mit dem *Portmanteau* ‚Metroidvania' umschriebenen Spiele erachtet werden. Die Bezeichnung setzt sich lose aus den Titeln der Videospielserien *Metroid* (seit 1986) und *Castlevania* (seit 1986) zusammen, welche große Ähnlichkeiten in der Gestaltung ihrer Spielwelt aufweisen. Sie prägen ein eigenes Subgenre von Adventurespielen, die sich durch eine strikt eingehaltene labyrinthische, komplexe, zweidimensional dargestellte Levelstruktur ausdifferenziert. Eine frühe Hochphase hatte das Subgenre etwa mit *Super Metroid* (Nintendo 1994) oder *Castlevania: Symphony of the Night* (Konami 1997). Man hätte meinen können, dass das Genre effektiv durch die Etablierung dreidimensionaler Grafiken als Mainstream im Videospiel, verdrängt werden würde. Seither erlebt das Genre regelmäßig Neubelebungen, jüngst etwa durch *Hollow Knight* (Team Cherry 2017), dass die Spielprinzipien des Metroidvania mit einer düsteren Geschichte und morbidem Comic-Charme reanimiert. Videospielgenres folgen also nicht immer den neusten Techniktrends, oder sterben aus, sondern können sich auch auf nicht linear diagnostizierbare Weise wiederbeleben lassen und weiterentwickeln.

Die **Frage der Diskurshaftigkeit** widmet sich der Ergründung, wie Genrebegriffe Verwendung finden und warum sich ein gewisser Begriff für ein Genre etabliert. Genrebegriffe kommen und gehen mit ihren Advokaten. So konstituieren sich auch Genrebezeichnungen für Videospiele nach einem komplexen Strickmuster von Benennung, Verwendung und Überwindung. Titel wie *Everybody's Gone* *to the Rapture* (The Chinese Room 2015), in denen das ruhige Wandeln durch eine offene Spielewelt, um deren Geschichte zu erfahren, betont wird, können als Environmental Narrative Games betitelt werden (Habgood et al. 2018, S. 176), was ihre generellen Spielprinzipien adäquat zusammenfasst: Das Genre, so Irwin, definiert sich durch seine absichtlich stark begrenzten Interaktionsmöglichkeiten, seine First-Person Perspektive und einen ruhigen Spielfluss (Irwin 2017, n. p.). Schnell fand sich jedoch, vornehmlich in der Videospielpresse, eine andere Genrebezeichnung prägend wieder: Der Walking Simulator. Das Label wurde zunächst abschätzig verwendet (vgl. Croshaw 2015; Cheong 2016), um den scheinbaren Mangel an Gameplaycharakteristika zu unterstreichen, welche das Spielerische im Videospiel betonen sollen. Derweil hat sich die sprachliche Verwendung des Walking Simulators jedoch wieder rehabilitiert – einerseits durch Journalisten, welche die Art von Spielen als künstlerisch schätzenswert empfanden (Huberts 2016, n. p.), andererseits durch den kritisch hinterfragten wissenschaftlichen Gebrauch durch seine Anlehnung an die Tradition des romantischen Lustwandels (Carbo-Mascarell 2016, S. 1).

Die **Frage der Multiperspektive:** Je nachdem welche Genremarker eines Werkes selektiv betont werden, kann es basierend auf dieser subjektiven Auswahl unter verschiedenen Genrekomplexen besprochen werden. In Film- oder Literaturwissenschaft werden solche Fragen häufig thematisiert: Ist Quentin Tarantinos *Kill Bill* (2003) ein typischer Hollywood Action-Film, ausgelegt auf schnelle Kampfsequenzen, oder ist er aufgrund seines Fokus auf den Schwertkampf ein Beispiel für westliche Adaptionen japanischer *Chambara*-Samuraifilmtraditionen? Im Videospiel betont die Frage der Multiperspektive insbesondere die vielschichtige Beschaffenheit des Mediums, denn Videospiele lassen sich anhand von radikal unterschiedlichen funktionalen Genresystemen beschreiben: Beispielsweise sei *ARK: Survival Evolved* (Studio Wildcard 2017) genannt, das Spieler*innen in eine fantastische Dschungellandschaft versetzt. Dort müssen sie sich wilden Bestien, aber auch den täglichen Herausforderungen des Überlebens (wie dem Sammeln von Nahrung) stellen. Orientieren man sich in der Analyse von *ARK* an dessen Spiel- und Siegmechaniken, können wir von einem Survivalspiel reden. Wählen man hingegen einen Ansatz, der sich auf die ästhetische Ausgestaltung bezieht, können wir es auch den Gattungen Fantasy, Horror oder Science-Fiction zuordnen. Beide Perspektiven orientieren sich am Szenario, greifen für ihr Verständnis jedoch auf eine distinkte Genreperspektive zurück. Die Möglichkeit, ein Medium fließend wechselnd in derartig unterschiedlichen Genrehintergründen verankern und aus diesen heraus besprechen zu können ist charakteristisch für das Medium Videospiel.

Die **Frage historischer Dynamiken.** Genrekonventionen unterliegen Veränderungen die, so lässt es sich beobachten, sich an spezifischen künstlerischen Paradigmen orientieren. Ein relevanter theoretischer Fokus im Zusammenhang mit dieser Betrachtungsweise ist die Idee der Dominanten. Höchstwahrscheinlich von Jurij Tynjanov etabliert (McHale 1987, S. 6), jedoch gründlich ausdefiniert und angewandt vom Philologen Roman Jakobson, entstand der Ausdruck der Dominanten als Schlüsselbegriff des russischen Formalismus (Jakobson 1981, S. 751). Die Dominante „may be defined as the focusing component of a work of art[. I]t rules, determines, and transforms the remaining components" (Jakobson 1981, S. 751) und ergibt sich aus der Komposition eines Kunstwerks. Jedes kulturelle Artefakt „possesses its own hierarchy of superior and inferior values" (Jakobson 1981, S. 751). Diese Werte, welche sich als distinkte formelle, stilistische oder inhaltliche Nuancen äußern, lassen sich abstrahiert um die Dominante als transzendentalen Referenzpunkt organisieren. Über das einzelne Kunstobjekt hinaus lassen sich so auch in Gruppen von verschiedenen Artefakten vereinende, konzeptionelle Strömungen erkennen, die formgebend, beziehungsweise richtungsweisend für die Erkennungsmerkmale eines Kanons sind. Verstanden werden muss die Dominante darum „not only in the poetic work of an individual artist and not only in the poetic canon, the set of norms of a given poetic school, but also in the art of a given epoch, viewed as a particular whole" (Jakobson 1981, S. 752). In den Game Studies wurde ein artverwandtes Konzept von Gundolf Freyermuth aufgegriffen, der die Geschichte des Medium Videospiels auf vier richtungsweisende Wenden kondensiert (2015). Jede dieser Wenden kann, *d'accord* mit Jakobsons Theorie, als eine epochenprägende Dominante interpretiert werden:

Die prozedurale Wende	(Freyermuth 2015, S. 61–70): In Pionierarbeit erschließen sich erste Spieleentwickler der 1960er und 1970er Jahre die Rechenleistung von Computern als Kreativfeld. Leitgedanke dieser Wende ist die Entwicklung eines Verständnisses für das Prozedurale durch Experimentierfreudigkeit. Geprägt ist diese Phase des Videospiels von primitiven Brettspiel- und Sportadaptionen auf Computerhardware.
Die hyperepische Wende	(Freyermuth 2015, S. 71–83): Dem Verständnis für die Materie folgte in den 1980er Jahren die Zielsetzung, die erzählerischen Perspektiven des virtuellen Raums auszuloten. Es wurde erprobt, welche stilistischen Möglichkeiten der

3.2 Leitfragen der modernen Genretheorie

	Narration durch Computertechnologie geboten werden. Dies zeigt sich insbesondere in Spielen, die nichtlineare und adaptive Erzählstrategien gekonnt einsetzen.
Die hyperrealistische Wende	(Freyermuth 2015, S. 84–94): Mit immer leistungsstärkerer Hardware wächst der Wunsch nach mehr Realismus. In den 1990er Jahren wird das Verbessern von Grafik und Soundqualität zur Prämisse einer möglichst realistischen Darstellung von Spielinhalten. Mit technischen Innovationen wie den ersten massenvermarkteten Spielen, die eine First-Person Kameraperspektive einsetzen oder der Inspirationssuche von Videospielen im Medium Film wird dem hyperrealistischen Gedanken nachgegangen.
Die hyperimmersive Wende	(Freyermuth 2015, S. 101–113): Mit diesem Begriff macht Freyermuth einen Vorschlag zur aktuellen Entwicklung und zukünftigen Tendenzen, von Videospielen. Zunehmend wollen diese das Gefühl der Immersion erzeugen und sind ihre Spieler*innen intensiver in ihre Virtualität einbinden.

Auch, wenn die Wende zur Hyperimmersion in Anbetracht der ebenso immer präsenteren Independent Videospiele, welche gezielt auf nostalgisch anmutende Pixelgrafiken oder populäre Spielmechaniken der 70er und 80er setzen, kritisch hinterfragt werden muss, verdeutlicht Freyermuts Videospielgeschichte in vier Wenden eines: Videospiele orientieren sich also, so kann behauptet werden, ebenso wie seine Vorgängermedien um artistische Konstanten, die von historischen Prozessen geprägt sind.

Zwar entwickelte sich die Gattungstheorie insbesondere im Bereich der Film Studies relevant weiter, allerdings besteht zwischen den Medien Film und Videospiel ein ertragreiches Wechselspiel, welches schon häufig im Augenmerk der Forschung Stand (u. a. King und Krzywinska 2006; Rauscher 2012; Freyermuth 2015). So ist es nicht verwunderlich, dass filmwissenschaftliche Begriffe häufig auch zur Anwendung auf Videospiele verwendet werden, die aufgrund ihres Ästhetischen Aufbaus einige Überschneidungen mit dem Medium Film aufweisen. Diverse Filmwissenschaftler wurden hier bereits in der Erfassung des

Videospiels zitiert, was deren Bedeutung für die Disziplin der Game Studies unterstreicht. Generell ist der praktische Nutzen filmwissenschaftlicher Theorien in ihrer Anwendung auf das Videospiel nicht von der Hand zu weisen, da die beiden Medien über prägnante ästhetische Konventionen verstrickt sind (vgl. Deutsches Filminstitut 2015; Rauscher 2012) Viele Videospiele greifen in ihrer Dramaturgie etwa auf Passagen zurück, in denen Spieler*innen die Möglichkeit entzogen wird, interaktiv über das Geschehen zu verfügen. Während dieser Zwischensequenzen, auch Cut-Scenes genannt, bedienen sich Videospiele filmästhetischer Stilmittel, wie bestimmter Kameraeinstellungen (z. B. Close-ups zum Unterstreichen von Charakteremotionen), welche in einem interaktiven Spielfluss nicht möglich, beziehungsweise hinderlich für die Spielerfahrung wären. Auch orientieren sich Videospiele in der Rahmung ihrer Erfahrung und Narration oft an Filmkonventionen, etwa durch den Einsatz von Introsequenzen, inklusive Darbietung des Werktitels, oder einer heruntergespulten Auflistung der Credits zum Abspann. Auch die wissenschaftliche Aufbereitung von Filmen hat, in relevanten Bezügen, ihren Weg in die Game Studies gefunden. Hervorgetan haben sich dabei zum Beispiel der bereits zitierte Rick Altman (1999, S. 216–225), der die Termini Semantik und Syntax als Grundbegriffe in den Film Studies etablierte. Mit dem Begriff Semantik bezeichnet er die einzelnen Sinneinheiten eines Films, Unter der Syntaktik versteht er das Zusammenspiel eben jener Bausteine. Auch in den Game Studies können die Begriffe Syntaktik und Semantik zur Analyse verwendet werden (vgl. Rauscher 2018) und verdeutlichen somit den erfolgreichen Einsatz bestimmter Toolkits im Bereich Game Studies, welche anderen Fachbereichen entliehen wurden. Dabei ist, so Freyermuth, das Wechselspiel Film und Videospiel ein in den Grundfesten zwiespältiges: „Ökonomischer Konkurrenz und dem Wettbewerb um künstlerisches Talent stehen künstlerische Annäherung und ästhetische Beeinflussung sowie Konvergenz in Produktion, Distribution und Rezeption gegenüber" (2015, S. 129).

3.3 Genre als ideologischer Diskurs

Keine vom Menschen getane Aussage kann ihre politische Wirkkraft verleugnen, und somit sind auch Genres Ausdruck von gesellschaftlichen Macht- und Widerstandsverhältnissen. „Genres, like any other institution, reveal the constitutive traits of the society to which they belong", sagt Todorov, und „each era has its own system of genres, which is in relation with the dominant ideology, etc." (Todorov 1976, S. 163). Versteht man Ideologie generell als „conventions and culture that make up the dominant ideas of society" (Felluga 2015, S. 146), dann

3.3 Genre als ideologischer Diskurs

sind auch Genres automatisch als Ausdruck und Spiegel von gesellschaftlichen Machtverhältnissen und Konflikten zu erachten. Folglich ist damit auch der Genrebegriff instinktiv als autoritär zu verstehen (Duff 2000, S. 1). Das Verständnis ist insbesondere für Videospielgenres relevant. Als vergleichsweise junges Medium, welches erst nach dem zweiten Weltkrieg entstand und bereits vor den 1970er Jahren einer breiten Bevölkerung zugänglich wurde, war es seit seiner Konzipierung in eine moderne Marktwirtschaft eingebunden, deren industrieller und politischer Radius die generelle Wahrnehmung von ihm gezeichnet hat.

Genres müssen als Ausdruck marktwirtschaftlicher Vormachtstellungen verstanden werden. „[Sie] entwickelten sich Anfang des 20. Jahrhunderts zum kulturindustriellen Prinzip" (Nguyen 2014, n. p.), unter welchem man die kapitalistisch-orientierte Entwicklung versteht, nach der die Produktion und Distribution kultureller Artefakte vom Diktat weniger kapitalistischer Monopole bestimmt ist (Felluga 2015, S. 68). Gerade für das Videospiel ist eine Einbettung in den kulturindustriellen Kontext besonders wichtig, lassen sie sich doch als Medium „marked by massive growth, volatility and opportunity" charakterisieren (Williams 2002, S. 51), dass knapp 45 Jahren nach seiner massenwirtschaftlichen Etablierung (Williams 2002, S. 42) global bereits jährlich Milliardenumsätze verbuchen kann. In der heutigen und im Verlauf dieser explosionsartigen Wachstumsgeschichte prägenden AAA-Spieleindustrie gibt es wenige globale Machtzentren, die seit langem unser Verständnis vom Medium formen und durch ihre zyklisch neu aufgelegten Videospielfranchises das Konsumentenverständnis von Videospielgenretradition prägen. Beispielhaft lassen sich hier Nintendo als Urheber der *Super Mario* Serie (seit 1985) und damit des Jump-and-Run Genres oder Blizzard, die mit der *Starcraft* Serie (seit 1998) das moderne Echtzeitstrategiespiel geprägt haben, aufführen. Einige dieser ausschlaggebenden Machtzentren und Diskursfelder, die für Videospiele von besonderer Relevanz sind, werden in Kap. 4 dieses Buches gelistet.

Bereits in der Frage um die Akzeptanz der medialen Gattung Videospiel spielt die Betitelung seiner Genres eine wichtige Rolle. Als das Medium in den 1970er Jahren ein Stadium der Massentauglichkeit erreichte, betrat ein Novum die nordamerikanische Verkaufslandschaft. Für Kinder und Jugendliche waren die frühen Spielkonsolen wohl interessant, jedoch zu teuer, um sie als Spielzeug in den Handel zu bringen. Gleichzeitig war die frühe Konsole in ihrer Auslegung jedoch zu ludisch und in ihrer Gestaltung zu exotisch, um sie in Elektronikfachläden oder -abteilungen zu verkaufen. Darum wurden Videospiele, deren frühe Vertreter oft Adaptionen von Sportarten und einfachen Brettspielen waren, zur Markteinführung in Sportabteilungen verkauft (Wolf 2001, S. 41). Auch wenn sich durch die tatsächliche historische Entwicklung des Mediums die Frage nach dem Platz in den Sortimenten der Kaufhäuser erübrigt, bleibt die Mediengattung Videospiel weiterhin unter kritischer Beobachtung. Gerade Frage, ab wieviel Interaktion ein Medium schon als (Video)Spiel oder noch als Text, beziehungsweise Film deklarierbar ist, bleibt weiterhin ein elementarer Bestandteil des akademischen Registers der Game Studies (Backe 2010, S. 106).

Videospielgenres sind zudem im politischen Diskurs, insbesondere als polemisch genutzter Buhmann von Jugendschutz- und Gewaltdebatten, oft zitiert. So fällt im deutschsprachigen Raum immer wieder der kategorische Begriff der ‚Killerspiele' in der Flut journalistischer und politischer Reaktionen auf Amokläufe an deutschen Schulen. Der bayrische Staatsminister Günther Beckstein prägte die Bezeichnung in Folge des Amoklaufs an einer Erfurter Schule im Jahr 2002 (Persson 2002, n. p.; Grote und Sinnokrot 2006, S. 4). Dabei handelt es sich bereits in seiner Konzeption nicht um einen Ausdruck definitorischen Charakters, sondern vielmehr um einen generellen Sammelbegriff für gewaltbeinhaltende und -verherrlichende Videospiele. Killerspiele sind im „[juristischen] [Sinne] nicht definiert" (Grote und Sinnokrot 2006, S. 4), lassen sich aber rückschließend aus der um sie und mit ihnen geführten Debatte wie folgt skizzieren:

> Killerspiele sind solche Computerspiele, in denen das realitätsnah simulierte Töten von Menschen in der fiktiven Spielwelt wesentlicher Bestandteil der Spielhandlung ist und der Erfolg des Spielers im Wesentlichen davon abhängt. Dabei sind insbesondere die graphische Darstellung der Tötungshandlungen und die spielimmanenten Tötungsmotive zu berücksichtigen (Grote und Sinnokrot 2006, S. 5, Hervorhebung im Original).

Der Gehalt der Aussage soll an dieser Stelle nicht weiter diskutiert werden, denn andere Werke widmen sich der Frage um Gewalt im Videospiel in voller Ausführlichkeit (unter vielen anderen Sicart 2011; Adams 2017). Im Sinne dieser wissenschaftlichen Ausführung zur Analyse von Videospielgenres versinnbildlicht der Begriff ‚Killerspiel' schlichtweg die ideologisch genutzte Formung von Videospielgenres unter dem Einfluss politisch motivierter Ziele.

Allgemein haben ideologische Fragen oft ein tragendes Gewicht in der Evaluation von Videospielgenres. In einem jüngeren Beispiel könnte man aus dieser Perspektive etwa *Full Spectrum Warrior* (Pandemic Studios 2004) nennen. Der First-Person Shooter wurde mit gehobenem simulatorischen Anspruch am US-Militär-affinen Institute for Creative Technologies der University of South Carolina entwickelt und soll moderne militärische Konflikte im Nahen Osten derartig realistisch darstellen, dass er als Tool zum strategischen Kampftraining gebraucht werden kann (Korris 2004). Während Henry Jenkins und Kurt

3.3 Genre als ideologischer Diskurs

Squire in *Full Spectrum Warrior* großes Reflektionspotenzial und ein Verständnis für echtweltliche politische Situationen sehen (Jenkins und Squire in Squire 2011, S. 107–8), betonen Nick Dyer-Witheford und Greig de Peuter auch die Gefahr, dass durch Produktionskooperationen von militärischen Shootern eine Normalisierung von Krieg oder politischer, ideologischer Verfremdung unter dem ideologischen Einfluss eines militärisch-industriellen Komplex erzeugt werden könnte (2009, S. xxxi). Ähnliche Debatten wurden auch um Titel wie den subversiven Third-Person Shooter *Spec Ops: The Line* (Yager Development 2012) geführt (Schniz 2018; Keogh 2013). Dekonstruierend geht das Videospiel mit Idealismus-kritischen Motiven der Literaturgeschichte, entliehen aus Joseph Conrads *Heart of Darkness* (2007) und bekannten Tropen des Vietnamkriegsfilms *Apocalypse Now* (Coppola 1979) um und evoziert durch deren Kombination mit den stoisch-routinierten Mechaniken des Shooter Genres, im Gegensatz zu ähnlichen ludisch-genreverwandten Titeln, einen Anti-Kriegs-Effekt.

Zunehmend beteiligen sich systemkritische Blicke aus den Postcolonial Studies und kritische Theorie, von denen insbesondere letztere oft im radikalen Widerspruch zum kulturindustriellen Medium Videospiel gesehen werden kann, an der Debatte um die ideologische Verfassung allgemein benannter Videospielgenres. In *Videogames and Postcolonialism* erläutert Souvik Mukherjee wie „increasingly diversity conscious" (2017, S. 105) die Entwicklung der Game Studies ist. Spielgenres werden auf die Anwendung imperialistischer Logiken untersucht, etwa die implizit pro-imperialistischen Tendenzen in Real-Time-Strategy Games, wie sie sich etwa in der *Age of Empires* (seit 1997) zeigen lassen. Das militärisches Strategiespiel weißt eine „strong fascination with colonial history, including its militaristic, economic and technoscientific dimensions" (Lammes 2010, S. 1) auf und erlaubt Spieler*innen durch das Erlernen von „colonial techniques of domination like exploring, trading, map-making and military manoeuvring" (Lammes 2010, S. 1) erfüllende, aber kolonialnostalgisch verblendete Spielerfahrungen zu sammeln. In *Games of Empire* wiederum werfen Dyer-Witheford und de Peuter eine kulturpessimistische Perspektive auf die gesellschaftliche Einbettung von Videospielen. Sie thematisieren etwa den Status der *Grand Theft Auto* (heute geläufig als *GTA* abgekürzt) Spiele (seit 1997) als virtuelle Spielräume des Neoliberalismus, in denen kapitalistische Credos „literally, the rules of the game" und seiner Genreerfahrung prägen (Dyer-Witheford und de Peuter 2009, S. xxxii).

Auch Monetarisierungsprozesse die in und über Videospiele abgehandelt werden, haben prägenden Einfluss auf Genreentwicklungen genommen. Bereits zu Beginn ihrer Geschichte wahren die Videospiele ein finanzgetriebenes Medium. Ihren ersten öffentlichen Raum hatten Sie in Cafés, Bars und Spielhallen, wo sich ihre Hardware durch ein besonderes Feature auszeichnete: den Münzeinwurf (Wolf 2001, S. 29). Das Spieldesign der Ära orientierte sich am Diktat der Münze. Damalige Spielhallen- und Automatenspiele waren oft mit hohem Schwierigkeitsgrad konzipiert, um Spieler*innen mit jedem Scheitern weiteres Kleingeld zu entlocken, um das Spiel wieder anzuwerfen und fortzusetzen. Spielmechanik und Monetarisierungsstrategie standen damit in Symbiose und bis heute lassen sich ihre Verstrickungen in Spielen finden. Gerade seit den frühen 2010er Jahren ist diese Debatte erneut großflächig entbrannt. Mit dem 2006 veröffentlichten chinesischen Onlinespiel *ZT Online* (Giant Interactive) die sogenannten Lootboxen (auch Loot Chests oder Treasure Chests), bei denen Spieler*innen im Austausch gegen die Zahlung von Kleinstbeträgen, sogenannten Microtransactions, eine Art virtuelle Schatztruhe erwerben können (Martinsen 2007). Der Inhalt dieser Lootboxen ist vom Zufall bestimmt und kann daher in seiner Konzeption mit Glücksspielen verglichen werden. Insbesondere in Hinblick auf damit einhergehendes Suchtverhalten, werden Lootboxen daher kritisch diskutiert (vgl. u. a. von Meduna 2019). Generell bedienen sich immer mehr Videospiele der Microtransactions oder anderer Formen des systemisch integrierten Konsums, etwa in dem sie direkt im Hinblick auf sogenannte DLCs – zusätzliche Spielinhalte oder Downloadable Contents – produziert werden. Den Spielern sollen möglichst viele Anreize zu geben, regelmäßig Geld in ein Spiel zu investieren. Der Third-Person Shooter *Anthem* (Bioware 2019) etwa ist geprägt von sogenanntem Grinding – der notwendigen Wiederholung semi-identischer repetitiv-mechanischer Spielpassagen. Stetig wird den Spieler*innen jedoch angeboten, die nötigen Ressourcen zur Vermeidung von Grinding per Microtransaction zu erstehen. Es lässt sich vermuten, dass es sich bei diesen Beobachtungen um bewusst getroffene Designentscheidungen hinter dem Shooter handelt, um über das Spielgenre möglichst viele Anreize für Microtransactions zu stellen.

3.4 Historizität: Genre als Momentaufnahme

Heute ist die Perspektive der Historizität, also des Verständnisses von Genre im Rahmen ihrer historischen Bedeutung, die vorherrschende Perspektive auf Genrefragen. Bei der Analyse muss es als selbstverständlich angenommen werden, dass es sich bei jedem zu untersuchendem Werk um einen geschichtlichen Einzelfall handelt – entstanden unter einmaligen geopolitischen und zeitgeschichtlichen Hintergrundbedingungen. Im historischen Kontext stellt sich ein Werk damit als Divergenz von Einzelfall und Entwicklung dar. An seinen individuellen Eigenheiten lässt sich ergründen, wie ein Genre von besagtem Werk zu einer gewissen

3.4 Historizität: Genre als Momentaufnahme

Epoche ausgelegt wurde, welche Genreregeln es einhält, oder mit welchen es bricht. Im Folgenden lässt sich diese Strategie gemäß Peter Wenzel als Gattungslandschaften beschreiben, deren Wandel auf zwei Ebenen stattfindet: dem Einzelnen und der Gattungslandschaft (2013b, S. 245). Wenzel identifiziert drei Problemfelder in der Analyse von Gattungslandschaften (2013b, S. 245). Erstens betont er die große Menge an potenziell relevanten Merkmalen, die sich gerade bei einer Gattungslandschaft mit großem Korpus als hinderlich erweist. Zweitens ist es innerhalb der Menge an Gattungsmerkmalen nicht objektiv möglich zu bestimmen, welche davon wirklich relevant beziehungsweise am relevantesten für den Analyseprozess sind. Drittens betont Wenzel so auch die Rolle des zeitgenössischen Wandels im Rezeptionsverständnis, welcher sich bedeutsam auf das Genreverständnis äußern kann.

Auch in der Analyse von Videospielgenres spielt die historische Perspektive eine immer wichtigere Rolle (Beil 2015; Rauscher 2018). Gerade in einem so heterogen kontextualisierten Rahmen wie dem Videospiel Genre kann die Momentaufnahme, beziehungsweise der Blick auf eine Entwicklung über Momentaufnahmen, aufschlussreicher sein als der Versuch einer allumfassenden Taxonomie. Unter dem Blickwinkel der Historizität lassen sich so etwa die Lebenszyklen von Gattungslandschaften beschreiben: „players discover, fall in love, grow bored and then move on to other forms of entertainment" (Cook 2007, S. 2). Diese Chronologie soll hier am Beispiel der während der 2010er Jahre in Mode gekommenen Bezeichnung des ‚Battle Royale', Genres, beschrieben werden. Dieser Genretrend bezeichnet vornehmlich einen Regelmodus von online Multiplayerspielen, in denen sich mehrere menschliche Kontrahenten in einer virtuellen Arena gegenüberstehen und nach dem Eliminationsprinzip „jeder-gegen-jeden" ausstechen müssen, beispielsweise mittels der Shooter Mechanik des Ziel-Schießens. Zwar gab es Battle Royale bereits in vielen Spielen als Teil der Mehrspielererfahrung, doch erst seit Mitte der 2010er Jahre ist das Prinzip zur einschlägigen Genrebezeichnung geworden.

Zunächst gibt es eine Reifeperiode, in der sich ein Videospiel auf Grund eines besonderen, gar als außergewöhnlich innovativ erachteten Reizes als populär etabliert. Über die Jahre 2017 bis 2018 etwa lässt sich e ein erster Vertreter der Battle Royale Spielgattung finden: *Player Unknown's Battleground* (PUBG Corporation 2017), um den sich schnell eine große Community formierte (Hall 2017, n. p.). Dieser Vorreitertitel konnte ein Erfolgsmodell begründen, an dem sich in zeitlich kurzen Abständen neue Titel orientieren. Schnell etablierte sich der Battle Royal Shooter so als Beschreibung zu einem populären Subgenre, welcher sich durch sein Unikum der großen Spielerzahl und verändernden Spielgeografie von gängigen Team Shooter wie *Overwatch* (Blizzard Entertainment 2016) oder

Team Fortress 2 (Valve Corporation 2007) oder anderen bewährten Multiplayer Online Battle Titeln wie *League of Legends* (Riot Games 2009) und *Smite* (Hi-Rez Studios 2014) abhob. Einer der Folgetitel, *Fortnite* (Epic Games 2017), kristallisierte sich aufgrund spezieller Erkennungsmerkmale, wie zum Beispiel seiner unverwechselbaren Comic-Optik, über den er eine wesentlich breitere Zielgruppe erreichen konnte, als populärster Vertreter heraus. Zum Ende eines Genrezyklus lassen sich dem Korpus immer weniger Titel hinzufügen. Nachfolgetitel geben dem Genre neue stimmige Elemente hinzu, werden von der breiten Masse jedoch aufgrund der bereits als Maßstabsinstanz verstandenen Titel ignoriert. Das 2019 erschienene *Apex Legends* etwa (Respawn Entertainment) versucht, den bei menschlichen Gegenspielern oft schwer auszubalancierenden Schwierigkeitsgrad unter den Teilnehmern durch ein teambasiertes Regelsystem, gründend auf komplexen Matchmaking-Algorithmen auszugleichen, erreicht aber bei weitem nicht die Spielerzahlen der großen, etablierten Vorreiter des Genres.

Damit lässt sich auch zu einem weiteren Thema der Genrewissenschaft überleiten: Dem Aufkommen und Verschwinden von Genretradition. Videospiele sind durch ihre Hardwareabhängigkeit von hochfrequentierten Generationswechseln gekennzeichnet. Neue technische Möglichkeiten erlauben ebenso neue Herangehensweisen an Genretraditionen, sorgen aber auch für eine schnelle und abrupte Rezeptionsrestriktion. Besonders an Videospielkonsolen ist dies deutlich abzulesen. Besitzer einer Sony Playstation 4 können beispielsweise nicht ohne weiteres für die Playstation 3 produzierte Titel auf ihrer Konsole Spielen, Besitzer einer Playstation 3 keine Spiele der Playstation 2, und so weiter. Im Gegensatz zu Filmen, die mit dem Innovationswechsel von DVD zur Blu-Ray oft auf neue Datenträger adaptiert wurden und den für die Literatur typischen Printneuauflagen ergab sich im Bereich der Videospiele so ein prekäres Momentum zyklischen Vergessens. „Zweifellos haben sich Videospiele über die vergangenen Jahrzehnte hinweg entwickelt; jedoch ist die Frage, ob alles, was als neu angepriesen wird, nicht in veränderter Form schon vorher existiert hat" elaboriert Willem Strank die Situation (2019, n. p.). Aufkommende Konsolengenerationen wie die Playstation 5 wollen zwar abwärtskompatibel sein (Pino 2019, n. p.), aber die hardwarebedingter Rezeptionsbeschränkung hat sich bereits prägend auf die allgemeine Wahrnehmung des Mediums, einschließlich toter Winkel, ausgewirkt:

> [S]eit etlichen Jahren [zeigen] Retro-Rezeptions-Kulturen deutlich auf, dass es … nicht nur um Nostalgie geht, sondern auch um das Wiederentdecken vergessener ästhetischer, ludischer und narrativer Konventionen, die zu ihrer Zeit nicht als Einschränkungen, sondern vielmehr als Ermächtigungen betrachtet wurden. Es ist daher bedauerlich, dass die Rezeptionszyklen häufig nur fünf bis zehn Jahre umfassen und

alles, was davor erschienen ist, als nicht mehr relevant begriffen wird. (Strank 2019, n. p.)

Die Genretraditionen vergangener Videospielgenerationen fallen bedauerlicherweise Regelmäßig diesem Vergessen zum Opfer. Sie werden zwar, wie Strank richtig betont, in Retro-Kulturen, die sowohl auf Entwickler als auch auf Rezipientenseite stattfindet wieder und wieder zelebriert, in der allgemeinen und wissenschaftlichen Wahrnehmung jedoch oft in einer Art von „Fortschrittsoptimismus" (Strank 2019, n. p.) ausgeblendet. Für die Historizität von Videospielgenres sind technologische Faktoren also von besonders ermöglichender, aber auch einschränkender Bedeutung.

3.5 Technik als Genrekatalysator

Letztendlich sind es auch technische Errungenschaften, die sowohl für die Entwicklung einer Genretradition als auch für unser Verständnis dessen von Bedeutung sind (Sterbenz 2011). Im Zusammenhang mit dem Medium Film haben schon Bordwell und Thompson in der Filmwissenschaft festgestellt, dass die Technik oft ein treibender Faktor für Genreinnovationen ist. Sie betonen beispielsweise die markanten Weiterentwicklungen fantastischer Filme durch die wachsenden Möglichkeiten computergenerierten Bildmaterials und CGI-Spezialeffekten (2010, S. 331).

Wie bereits erläutert folgt die technische Wirkweise von Videospielen (aber auch von anderen neuen Medien) der Logik der Remediation nach Bolter und Grusins (2000), was zu unerwarteten Palisaden in der Analyse führt. Digitale Medien bilden in rascher Folge neue Arten der Informationsdarstellung aus und provozieren damit in immer knapperen Abständen die Frage der Begrenzung: was kann als neue Gattung, und was wiederum als Rekombination alter Gattungen bezeichnet werden? Askehave und Nielsen vermerken etwa die Affinität aktueller Webpages von Zeitungshäusern zum Layout ihrer klassischen Printausgaben (2005, S. 123–124), doch verdeutlichen somit auch implizit die eigenständige Analysierbarkeit von Webseiten. Der schnelle Wandel technischer Gegebenheiten erschwert es, die Übersicht über die mediale Gattungsspannbreite zu behalten.

Videospielgenres korrelieren in besonderem Ausmaß mit technologisch relevanten Erfindungen (Rollings und Adams 2003, S. 533). Bereits das erste geschaffene Videospiel der Welt kann als Untermauerung dieser Behauptung dienen. Mit dem EDSAC Rechner konnte zum Beispiel bereits 1949 eine primitive Form von Naughts-and-Crosses gespielt werden (Egenfeldt-Nielsen et al. 2016,

S. 57). Auch wenn es streitbar ist, ob es sich dabei um das erste Videospiel handelt – oft wird auch *Spacewar!* (Steve Russell 1962) als erstes ‚echtes' Videospiel zitiert – zeigt der EDSAC das Leistungspotenzial eines frühen Computers auf und demonstriert dieses einem Publikum, das zur damaligen Zeit noch kein Verständnis über computerisierte Rechenleistungen besitzen konnte. Das Spiel an sich wurde so verwendet, um die fremde Maschine Computer und ihren Nutzen allgemein verständlich zu machen und positiv zu konnotieren. Die technische Innovation äußerte sich also, wenn auch zweckorientiert, initial über ein Videospiel.

Auf einfachster Ebene bestimmt die zugrunde liegende Hardware den Rahmen, innerhalb dessen Spiele gestaltet werden können. Sie setzt Grenzen des technisch Möglichen und bestimmt damit ultimativ die zur Verfügung stellbaren Interaktionsmöglichkeiten und ästhetischen Komponenten eines Videospiels. Als Teil eines unaufhaltsamen marktwirtschaftlichen Prozesses steckt sie die Grenzen der Anwendbarkeit immer höher. Jede Konsolengeneration, jede neue Grafikkarte für Computer und jede verspielte Innovation, wie die VR-Brille, bringt neue Leistungsfähigkeit, steckt neue Grenzfelder ab, welche technisch ausgelotet werden können, und provoziert damit neue Spieletitel. Egenfeldt-Nielsen, Smith und Tosca erschließen die Korrelation von Technik und Gerne-Innovation im Bereich der Videospiele anhand Abb. 3.1.

Abb. 3.1 fängt die Entstehungszeit neuer Genres ein, welche wir mit wichtigen Entwicklungsschritten in Verbindung bringen können. Von Anfang an etwa gab es simple Multiplayerspiele für zwei Teilnehmer. Den ersten Videospielen stand schlichtweg noch nicht die Rechenleistung zur Verfügung, um mit elektronischer Eigenleistung einen digitalen Kontrahenten zum menschlichen Spieler*innen stellen zu können. Diese Eigenheit der frühen Videospiele spiegelt sich in den bereits betrachteten Beispielen wider. Einen interessanten Sprung ergab der Wechsel auf 2D Grafiken zur Mitte der 1980er Jahre. Diesem Entwicklungssprung folgte schnell die Etablierung der sogenannten Point-and-Click Adventure Spiele, deren Genremarker – das präzise Absuchen zweidimensionaler Pixellandschaften nach Hinweisen – explizit auf der grafischen Innovation fußte. Während sich 2D Spiele und Point-and-Click Adventures weiterhin einer Nischenbeliebtheit erfreuen – man denke nur an Titel wie die *Deponia* Serie (Deadelic Entertainment seit 2012) oder *Thimbleweed Park* (Terrible Toybox, 2017) – so endete ein in den frühen 1990er Jahren folgender, experimenteller Ausflug zum digitalen Film in der Ikonografie des Videospiels rasch durch die wachsende technische Errungenschaft der 3D Grafik. Ein weiterer Meilenstein, der sich durch Abb. 3.2 indirekt verfolgen lässt, ist die Markteinführung und schnellen Kommerzialisierung der CD-ROM. Sie brachte einen explosionsartigen Anstieg von Speicherplatz, was für

3.5 Technik als Genrekatalysator 45

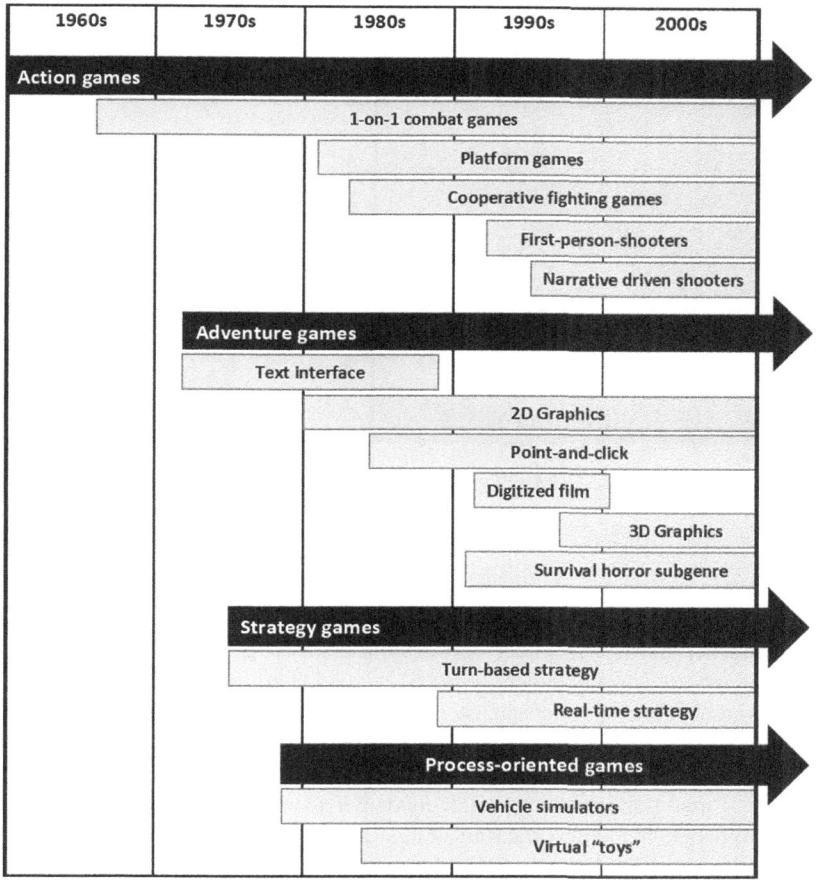

Abb. 3.1 Historische Entwicklung der Videospielgenres. (Tabelle adaptiert nach Egenfeldt-Nielsen et al. 2008, S. 52)

die Spieleentwicklung mehr nutzbaren Raum für Inhalte, etwa zur Verwendung besserer Grafiken, bedeutete. Die generelle Verfügbarkeit von Internetzugängen bewirkte einen weiteren bedeutenden Entwicklungsschub für Videospielmehrspielergenres. Online-Multiplayerspiele, welche große Spielergemeinschaften in einer gemeinsam erlebten virtuellen Welt zusammenbrachte, konnten erst durch diese Entwicklung realisiert werden. Neue Methoden, Spieler*innen miteinander

Abb. 3.2 Spielszene aus *The Red Strings Club* (Deconstructeam 2018. Eigener Screenshot)

zu verbinden, bedeuteten also auch neue Genres. Je besser die Internetverbindung, desto eleganter konnte die gleichzeitige Einbindung von immer mehr menschlichen Spieler*innen ermöglicht und spielmechanisch gestaltet werden. Betont werden muss zudem schließlich, dass erst bessere Hardware auch eine generelle Genreakkumulation in Videospielen möglich macht. Wie später unter anderem der in Abschn. 5.2 diskutierte Titel *Yakuza 6: The Song of Life* eindrucksvoll demonstriert, können heutige Videospiele dank einer stetig wachsenden Speicher-, Leistungs- und Darstellungskapazität moderner Computer und Spielekonsolen, ganze Myriaden an Genre-Erfahrungen in sich vereinen.

Neben den offensichtlichen Hardware-Innovationen sind es jedoch auch Software-Entwicklungen, die das generelle Verständnis von einem Videospielgenre nachhaltig prägen können. Besonders der Spiel-Engine muss hier besondere Bedeutung zugesprochen werden. Der Begriff umschreibt die einem Spiel zugrunde liegende systemische Organisation von Software-Kernelementen und vorgefertigten Assets (Gregory 2015, S. 11). Laienhaft summiert bestimmt die Engine eines Videospiels, welche Programme und Daten für die Generierung der virtuellen Welt eines Videospiels verantwortlich sind und wie diese dafür auf vorgefertigte textuelle, visuelle, akustische oder anderweitig vordesignte Elemente zurückgreift. Damit einhergehend bestimmt die Engine auch, auf welche Arten Spieler*innen mit einem Videospiel interagieren können.

3.5 Technik als Genrekatalysator

Der Begriff Engine fand Mitte der 1990er Jahre erstmals und in Zusammenhang mit dem First-Person Shooter *Doom* (id Software 1993) Verbreitung (Gregory 2015, S. 11). Über die Arbeit am und mit dem Titel wuchs ein Verständnis darüber, dass in einem gut organisierten Engine-System Assets ausgewechselt werden können, während das Funktionssoftwaregerüst des Videospiels unverändert bleibt. Dieses Wissen bereichert einerseits den professionellen Vertrieb in Hinblick auf die einfacher werdende Möglichkeit, mehrere Videospiele – gleich ob Fortsetzungen oder unabhängige Titel – basierend auf einer identischen Engine zu produzieren und so wirtschaftlich effizient zu arbeiten. Andererseits ermöglicht es so gleichzeitig auch der Spielercommunity sich durch das sogenannte, in Kap. 7 ausführlicher besprochene, Modding einer Engine eigenständig Spielinhalte zu erschaffen.

Das Leistungsprinzip von Engines und der sich daraus ergebenden Rolle für die Genrelandschaft der Videospiele kann gut am Beispiel der Infinity-Engine verdeutlicht werden. Die Spiele-Engine des Studios BioWare, welche später lizenzrechtlich dem Entwicklerteam Black Isle Studios zur Verfügung gestellt wurde, ist optimiert für die Darstellung von Rollenspielen mit isometrischer Kameraperspektive. Sie kam erstmals 1998 für das Rollenspiel *Baldur's Gate* (BioWare 1998) zum Einsatz und definierte, neben dem festen Blickwinkel auf die Spielewelt von schräg-oben, konsequenterweise auch dessen Mechaniken und deren Auswirkung auf die Spieldynamik. Die Infinity-Engine erlaubt Spieler*innen unter anderem die Steuerung einer kleinen Gruppe komplexer Spielfiguren – der archetypischen Abenteuergefolgschaft aus Kriegern und Magiern – sowie die Entwicklung ihrer Fähigkeiten, das Pausieren des Spielgeschehens zur strategischen Planung und die Erkundung weitflächiger, fantastischer Landschaften in 2D-Optik. All diese Charakteristika machten *Baldur's Gate* in seinem Erscheinungsjahr – und auch lange danach zu einem absoluten Publikumsliebling. Als Benchmark-Spiel (mehr dazu in Abschn. 4.3), welches von Presse und Spieler*innen gleichermaßen geschätzt wurde, legte *Baldur's Gate* unter anderem den Grundstein für ein Sequel, sowie für die von Black Isle Studios produzierten Titel *Planescape: Torment* (1999) und *Icewind Dale* (2000) sowie deren Sequels. Damit etablierte sich neben *Baldur's Gate* als äußerst wohlwollend rezipiertem Videospiel gleichzeitig auch die Infinity-Engine als ebenso wohlwollend rezipiertes Gerüst für Rollenspiele und legte dabei, bedingt durch seine Software-Komponenten, auch gewisse Spielmechanismen, Dynamiken und audiovisuelle Komponenten als Qualität verheißende Attribute für ein Videospiel in eben jenem Genre fest.

Bis heute stehen Genre-Traditionen häufig noch in Symbiose mit Engine-Traditionen. Hat sich eine Engine als erfolgversprechend für die Entwicklung eines Genrevertreters erwiesen, wie im Falle von *Baldur's Gate* und der Infinity-Engine, wird diese bestimmt weiterhin in der Produktion kategorisch vergleichbarer Titel Verwendung finden. Damit einhergehend findet eine kontinuierliche Beteuerung der Eigenschaften einer Engine als Beitrag zu einem Genre statt und verfestigt implizit die allgemeine Vorstellung davon, welche Attribute des Genres wie für ein erfolgreiches Videospiel ausgestaltet werden müssen. Auch ist es nicht unüblich, dass sich neue Videospiele explizit auf die Tradition von Spiele-Engines rückbesinnen, um nostalgische Assoziationen zu einem Genre zu wecken. *Pillars of Eternity* (2015) oder *Tyranny* (2016) etwa, Spiele des Entwicklerstudios Obsidian Entertainment, wurden in der Unity-Engine erstellt, optisch und spielmechanisch jedoch so gestaltet, dass sie den alten Infinity-Engine-Titel von BioWare beinahe gleich sehen und somit als eine Hommage an *Baldur's Gate* und seine Nachfolgerspiele zu verstehen sind. Verbesserungen und Innovationen, etwa im Rahmen der Spielmechanik von *Pillars of Eternity 2* (2018), welches das bekannte Rollenspiel-Prinzip der Infinity-Engine-Spiele um eine strategische Aufbaukomponente ergänzen möchte, indem es die Spieler*innen ein eigenes Schiff für ihre Charaktergemeinschaft ausbauen lässt, finden statt. Sie werden jedoch mit Bedacht umgesetzt, um den ehrwürdig nachempfundenen Charme der Black Isle Spiele nicht zu gefährden (Velocci 2018).

In den vergangenen Jahren brechen Videospiele jedoch, vielleicht einhergehend mit der Rückbesinnung auf die Engines vergangener Tage, auch zunehmend mit dem Trend, durch Weiterentwicklung von Technik und Hardware neue Designmaßstäbe zu setzen. Während es weiterhin pompös inszenierte AAA-Titel gibt, bestechen insbesondere Spiele kleiner Independent-Studios zunehmend mit anachronistisch anmutender Nutzung hardwaregegebener Möglichkeiten in ihren Genre-Attributen. In *The Red Strings Club* (Deconstructeam 2018) etwa treffen filmische Erzähltechniken und das Wiederaufleben von Cyberpunk-narrativen auf eine 2D Cartoon-Ästhetik in einer Pixelauflösung, die an die 18- und 32-Bit Grafiken der Konsolentitel der 1980er und 1990er Jahre erinnert (Abb. 3.2).

Andere Titel verlassen sich auf einfache Jump-and-Run Mechaniken aus eben jener Ära, wie zum Beispiel *Night in the Woods* (Infinite Fall 2017). Das Spiel setzt eben diese Steuerung bewusst als Mittel zur Nostalgie ein, um die Narration über die Heimkehr einer Protagonistin in ihr Elternhaus durch das Gameplay-Gefühl der Jump and Run Titel vergangener Spielegenerationen haptisch-emotional zu unterstützen. Beide Videospiele verweisen somit auf die mögliche asynchrone, nicht evolutionäre Entwicklungsweise von Genretraditionen.

3.5 Technik als Genrekatalysator

Technische Entwicklungsprozesse stellen Debatten um Videospielgenres zudem auch vor herausfordernde Fragen über die Komposition von Werk, Transportmedium und Werkgattung. Jedes neu konzipierte Hardware-Gadget ist in der Lage, die Art und Weise wie Spieler*innen mit einem Spiel interagieren, grundlegend zu verändern. Andreas Gregersen verdeutlicht dies am Beispiel der WiiMote (2011). Der Controller der Nintendo Wii, die WiiMote, war eine der ersten massentauglichen Spielekonsolen, deren zentraler Steuerungsmechanismus von Infrarot- und Bewegungssensorik geprägt war. Die Hardware konnte rudimentäre Bewegungsmuster erkennen und diese im Spiel umsetzen – wie in den Titeln *Red Steel* (Ubisoft Paris 2006) oder *MadWorld* (Platinum Games 2009), die sich zentral um den Einsatz von Schwertern und ähnlichen Nahkampfwaffen drehen, welche grobschlächtig über die WiiMote nachgeahmt werden konnten. Gregersen argumentiert nun, dass solche Videospiele durch ihre körperbezogenen Steuerungsmechanismen nicht nur Mischungen aus bekannten Genres und neuen Technologien darstellen (2011, S. 105), sondern potenziell auch als eigenständige mechanische Genres verstanden werden müssen:

> [G]enre theory should be able to take on board the concept of interaction modes to identify salient patterns of generic physical interaction as an important part of genre understood as embodied provinces of meaning. Technology and the connections to our physical embodiment can be key components in both game and communication genre developments. Thus, genres may move and cross-breed across media technologies, but technologies and embodiment may also matter in genre. Genres evolve, and so should genre theory. (Gregersen 2011, S. 107)

Gregersens Überlegungen werfen essenzielle Fragen in Bezug auf die Portierung von Videospielen, wie dem Prozess des Adaptierens von Videospielen auf andere Hardwareplattformen, auf. Die „experience of playing the game may be drastically different because of adjustments made to cope with a different style of controller or graphic interface" (Apperley 2006, S. 10). Es gibt jedoch auch Gegenbeispiele zur Vermutung, dass sich die Trans-Hardware Adaption eines Videospiels zwingend auf dessen Genrebespielung auswirken muss. So ist zum Beispiel das Rogue-Like Spiel *Darkest Dungeon* (Red Hook Studios 2016) seit seines ursprünglichen Releases auf sämtlichen, aktuell gängigen Spieleplattformen erschienen: dem PC, der Playstation 4, der X Box One, der Nintendo Switch und sogar auf den Benutzeroberflächen Linux und Apples iOs. Durch den rundenbasierten Aufbau des Spiels – es lassen sich Entscheidungen, etwa in der Figurenwahl oder der Selektion ihrer Kampfmanöver ohne markanten Zeitdruck treffen – und die markante 2D Comicgrafik, die auf allen Plattformen unverändert beibehalten wurde, stellt sich das Spielgeschehen von *Darkest Dungeon* nahezu identisch auf allen Plattformen dar. Hier lässt sich also kritisch fragen, inwieweit sich die minimal veränderte Bedienoberfläche, von Maus und Tastatur am PC zu Controller und Touchpad der Nintendo Switch, bei maximal identischer HUD-, Ästhetik- und Narrationsdarstellung, spürbar auf die Genre-Erfahrung auswirkt.

Tatsächlich können sich technologische Entwicklungen auch nur spezifisch, oder mitunter prägend, auf bestimmte Genres auswirken: Dies wird beispielsweise deutlich, wenn man sich den Casual Games in Bezug auf ihre Genremarker widmet, welche sich seit der globalen Etablierung von Smartphones wesentlich verändert haben. Der breite Sammelbegriff Casual umschreibt Spielgenres, welche mechanisch nicht klar durch ihre Spielziele oder Handlungsabläufe beschrieben werden können, wohl aber durch ihre Zugänglichkeit. Meist handelt es sich um einfache Logikpuzzle oder Karten- und Brettspieladaptionen, die leicht erlernt werden können und wenig zeitkritischen Input benötigen. Mit der voranschreitenden Verfügbarkeit von Smartphones erlebten Casual Games einen bis dato nicht abreißen wollenden Aufschwung. Für ihre Renaissance passten sie sich an die Rahmenbedingungen des Smartphones an und fanden Möglichkeiten, die alltäglichen Gebrauchsmomente des Smartphones mit Spielpotenzial zu füllen. Oft bieten sie kurze, intensive Spieleinheiten von 10–15 min und werden damit für Pendler interessant, die in Bus oder Bahn nur kleine Zeiteinheiten für ein Videospiel zur Verfügung haben, deren Smartphone aber stets griffbereit ist. Damit einher gehen Spielmechaniken, die sich längerer Zeiten der Inaktivität bedienen. Viele Casual Games wie *FarmVille* (Zynga 2009) lassen ihre Spieler*innen mehrere Realwelt-Stunden darauf warten, dass sich verbrauchte Spielressourcen neu auffüllen, bevor weitergespielt werden kann. Da die meisten dieser Spiele, die oft in sozialen Netzwerken vertrieben werden und kostengünstig oder gratis angeboten werden, kommen mittlerweile gängige Kommerzialisierungsstrategien wie Microtransactions gezielt zum Einsatz, die sich gerade durch diese Veränderungen des Genres entwickelt und durchgesetzt haben. Sie verdeutlichen zudem das Entstehen von Videospielgenres als komplexes Geflecht von Genrediskursbestimmern, die von Entwickler- und Marktwirtschaftsperspektiven sowie den Perspektiven anderer relevanter Diskursteilnehmern ausgehen.

3.6 Zusammenfassung

‚Genre' ist ein Wortfeld der Klassifizierung. Genrebegriffe werden verwendet, um zu ordnen und sinnhafte Grenzen abzustecken. Damit automatisch einhergehend erschaffen Genres jedoch implizit auch immer eine Hierarchisierung von zu

3.6 Zusammenfassung

unterteilenden Objekten. In der Genreforschung geht es nun vornehmlich um die Untersuchung von Regelhaftigkeit in der Bildung und Analyse von Genres. Ein Verständnis derer setzt sich zusammen aus Bottom-Up und Top-Down Konzeptionen der Genreformierung und den Perspektiven auf die Idee des Genres als Verständniskontrakt zwischen Produzenten, Distributoren, Wissenschaftlern und generellem Publikum, der unterschiedlich bewusst wahrgenommen wird. Auch wenn das Videospiel als *objet ambigu* diese traditionellen Verständniskategorien konsequent zu sprengen scheint, muss auf das Vertraute, den benannten Perspektiven entsprungene, Genrevokabular zurückgegriffen werden, um Videospielgenres zu umschreiben.

Zur Mitte des 20. Jahrhunderts hin wurde Gattungsforschung weniger taxonomisch und zunehmend prozedural betrieben. Anstelle des Kategorisierungszwangs, welcher aufgrund der Wandelbarkeit von Werksgruppen, Subjektivität und selten klarer Trennschärfe zunehmend kritisiert wurde, traten Fragen der Prozesshaftigkeit des Genres. Themenkomplexe wie die logische (oder chaotische) Entwicklung von Genrebildungen traten vermehrt ins Rampenlicht. Besonders die Filmwissenschaft hat zunehmend zur Analyse von Genres beigetragen. Ihre Begriffe sind für die Untersuchungen besonders spannend, da ein florierendes Wechselspiel zwischen den beiden Medien Film und Videospiel besteht.

Die Wirkweisen von Genres müssen immer aus einer ideologischen und ideologiekritischen Perspektive heraus verstanden werden. Als Wirkmuster, die gerade im Falle von Videospielen meist von industriellen Zentren bestimmt werden, sind Genres auch immer Ausdruck genereller Macht und Ordnungsverhältnisse der Gesellschaft, die sie produziert oder rezipiert. Im Bereich der Videospiele begegnet man ideologischen Debatten um Genres zudem vornehmlich, wenn es um den politischen Diskurs Videospiele und Gewalt geht, doch auch Perspektiven von und über Minderheiten im Videospiel gewinnen im Diskurs an Bedeutung. Zudem stellen sich auch die Einflüsse von Monetarisierung, jüngst neu aufkeimend durch das Phänomen der Lootboxen und Microtransactions, als Einflusshabend auf Videospielgenres heraus.

Heute werden Genrebestimmungen vornehmlich in zeitgenössischen Kontexten besprochen. Sie werden als Momentaufnahme verstanden, was es erlaubt, ein Einzelwerk in eine gewisse Gattungslandschaft einzuordnen oder es als Teil eines Entwicklungsprozesses von Genretraditionen zu erfassen. Die Linse der Historizität erlaubt das Verständnis eines bestimmten Genreeintrags zu einem bestimmten Zeitpunkt, wie sich Genres weiterentwickelt und verändert haben, bis hin zum generellen Verständnis von Genrezyklen, aus denen sich Entwicklungen ablesen lassen können.

Es sind auch immer technische Fortschritte, die eine prägende Wirkung auf Genres haben. Als stark technikabhängiges Medium, an dem sich innovative Fortschritte in Sachen Hardware und Rechenleistung erproben lassen, ist die Geschichte des Videospiels von bezeichnenden Entwicklungsschüben geprägt: Das Videospiel entwickelte sich mit der wachsenden Rechenleistung stetig weiter und Durchbrüche wie die CD-ROM, das Internet oder VR-Brillen brachten stets Materialgrundlage für Genreweiterentwicklungen oder Neugründungen mit sich. Die immerwährende rasante Einführung neuer technologischer Features gestaltet allerdings auch die Fixierung von Genretraditionen als schwierig.

Videospielbezogene Genrediskursfelder

4

> **Zusammenfassung**
>
> Kap. 4 bietet eine Übersicht darüber, welche Rolle dem Genrebegriff in den wichtigsten Diskursfeldern des Videospiels zukommt. Dem Beispiel von Benjamin Sterbenz folgend (2011), werden hier unterschiedliche Schwerpunktbereiche evaluiert und einander gegenübergestellt. Im vorliegenden Werk werden diese fünf Bereiche genauer vorgestellt. Zunächst werden aus dem Videospieldesign stammende Taxonomien präsentiert. Dem folgen marktwirtschaftliche Verwendungen von Videospielgenres. Aufbauend auf dieser Veranschaulichung wird die Nennung von Genres im Videospieljournalismus hinterfragt, bevor ein Unterkapitel über Pädagogik didaktisch motivierte Methoden der Genrekategorisierung von Videospielen vorstellt. Folgend werden wissenschaftliche Modelle der Videospieltaxonomie erläutert, bevor abschließend die für die Gattungstheorie relevante Frage nach einem Kanon beleuchtet wird. Es wird aufgezeigt, welche Ansätze es zum Erstellen eines Kanons der Videospiele gibt und an welchen Schwierigkeiten die Zusammenstellung eines solchen sowohl generell als auch in diesem gesonderten Kontext krankt.

Die Formierung von Genrebegriffen für Videospiele ist im Vergleich zu anderen Medien noch in einer frühen Entwicklungsphase, ist aber aufgrund ihres Nutzens für andere Medien auch „eine der intuitiven Zugriffsformen zur Erschließung und Nobilitierung des Gegenstandes" (Nohr und Neitzel 2010, S. 421). Was genau als Videospielgenre aufgefasst wird und wie sich Genres ausdifferenzieren, wird dort ausgelegt, wo Videospiele aus den unterschiedlichsten Beweggründen geschaffen, rezipiert und diskutiert werden. Kulturelle, industrielle und organisatorische Bewandheiten deren Produktionsprozesses „… have important effects on a genre and, through marketing and economic activity, will create a discursive or ideological frame around [a] genre" (Clearwater 2011, S. 46). In *Games. Game Design. Game Studies: Eine Einführung* (2015) beschreibt Gundolf Freyermuth einen Formationsprozess wissenschaftlicher Perspektiven zum Videospiel, aus dem sich auch die Bedeutung einzelner Diskursfelder für ein Verständnis von Videospielgenres ableiten lässt (2015, S. 191). Laut Freyermuth sind es zunächst stets die Praktiker, die sich zu ihrem Arbeitsfeld äußern und zu äußern wissen. Ihren Pionierwerken folgen die Experten anderer Felder, die sich einen Themenkomplex mit ihren fachspezifischen Mitteln erschließen wollen. Letztendlich bilden sich aus dieser Menge an Sekundärmaterial eigene Studien, die sich einem Thema verschreiben und versuchen, dieses mit adäquaten analytischen Begriffen und Toolkits zu eruieren.

Die folgende Übersicht relevanter Diskursfelder orientiert sich nun, angelehnt an Sterbenz und Freyermuth, an einer logischen Schrittfolge von Sedimentierung, Exaptation und Adaption. Sie beginnt mit einem Blick auf den Beitrag von Designern zum Verständnis von Videospielgenres, bespricht die journalistische Verwendung des Konzepts, seine Rolle in Marketing sowie pädagogischen Perspektiven und endet mit einem Blick auf Genrediskurse in den Game Studies und der Frage nach einem Kanon der Videospiele. Dabei fallen zwei charakteristische Entwicklungszüge mit regelmäßiger Bestimmtheit in allen Diskursfeldern auf: Der Gebrauch von *de facto* Genres (Beale 1987, S. 23 nach Harrell und Linkugel 1978) im Sinne einer alltäglichen, weit verbreiteten Verwendung nebulöser, grob gefasster Genrekategorien und die selten ausdrücklich benannte, dennoch stets mitschwingende Unterscheidung narrativer und mechanischer Repertoires, welche im Spiel zwar verbunden sind, aber dennoch gerne als exklusive Standpunkte zur Genrebestimmung herangezogen werden.

4.1 Design

Als kulturindustrielles Artefakt welches kreativ, wohl aber immer mit dem Blick auf ein Klientel, geschaffen wird, ist das praktizierte Gamedesign damit das essenziellste Genrediskursfeld im Bereich der Videospiele (Newman 2004, S. 12). Designratgeber empfehlen Einsteigern ins Spieldesign die Besinnung auf vertraute Genrekonventionen, denen sie folgen sollen, bevor sie ihre eigenen Konzeptionen beginnen oder das Projekt pitchen (vgl. Perry und DeMaria 2009, S. 37). Des Weiteren bilden Genremarker eine wichtige kommunikative Grundlage zwischen Produzenten und Rezipienten im weiteren Entwicklungsprozess (Hickethier 2002,

4.1 Design

S. 63). Zumeist sind es anfangs auch erfahrene Berufspraktiker, die ein pragmatisches Interesse daran haben, ihr eigenes Berufsfeld strukturiert beschreiben zu können.

Die erste anschauliche Taxonomie des Videospiels ist einem Praktiker zu verdanken. In *The Art of Computer Game Design* verschriftlichte Chris Crawford, dessen Ludographie Titel wie *Tanktics* (Avalon Hill 1978) und *Trust & Betrayal: The Legacy of Siboot* (Mindscape 1987) umfasst, zwei breite Überkategorien mit einer jeweiligen entsprechenden Subkategorisierung (1984, S. 19–39):

- **Skill-and-Action Games,** welche die Wahrnehmung und die motorischen Kompetenzen von Spieler*innen in Anspruch nehmen.
  Als Subgenres werden die Gruppen Combat, Maze, Sports, Paddle, Race, Miscellaneous gelistet.
- **Strategy Games,** welche sich an die kognitiven und logischen Fähigkeiten der Spieler*innen richten.
  Als Subgenres werden die Gruppen Adventures, D&D Games, Wargames, Games of Chance, Educational and Children's Games, Interpersonal Games gelistet.

In Crawfords Gliederung finden sich damit einige wegbereitende axiomatische Ansätze und Begriffe, die sich bis heute im umgangs- und fachsprachlichen Genrevokabular der Videospiele wiederfinden. Einerseits ist da die Tendenz zum Fokus auf die Spielmechanik als Maßstab der Genreausdifferenzierung. Crawford selbst liefert zwar keine Begründung für diesen Denominator, nennt aber, wie in der Auflistung zu sehen ist, rein spielmechanische Prinzipien als charakteristisch für die zwei Haupt- und deren Subgenres. Andererseits weist Crawfords Taxonomie eine deutliche Tendenz zu breit auslegbaren Genrebegriffen auf. Action und Strategie, die sich als Begriffe nach wie vor im Sprachgebrauch unterschiedlicher Diskursfelder halten, bezeichnen für Crawford zwei komplett unterschiedliche Herangehensweise an die Applikation von Spielmechaniken, deren einzelne Unterkategorien sich historisch distinkt unterschiedlich entwickelt haben (Crawford 1984, S. 38). Gleichzeitig zeichnen sich bereits in diesem ersten Modell die metakontextuellen Probleme von Genretaxonomien ab, von denen auch die Videospiele nicht verschont bleiben. Es stellt sich etwa die Frage, ob und inwiefern die obersten Kategorien Crawfords sinnig voneinander getrennt werden können. Bedenkt man das Arcadespiel *Pac-Man* (Midway 1980), in dem die ikonische Spielfigur schnell und zielsicher durch ein Labyrinth navigiert und dabei Geistern ausgewichen werden muss, hat man beispielsweise ein Spielprinzip, welches Crawford aufgrund seiner Levelstruktur dem Action-Subgenre Maze zuordnet (Crawford 1984, S. 25). Gleichzeitig lässt sich *Pac-Man* aber zweifelsohne auch in eine strategische Oberkategorie einordnen, da man die Bewegung der vier feindlichen Geister voraussahnen kann. Einige Formulierungen von Subgenres erscheinen aus heutiger Perspektive zudem recht unspezifisch. Konnte Crawfords Modell in den 1980ern noch ausreichend einen Teil des damaligen Marktes mit dem Strategie-Subgenre Wargames umschreiben, fehlen der Auflistung heute zudem eindeutig vertretbare Genreauslegungen wie etwa *Sim City* (Maxis 1989), in dem man Städte planen und verwalten muss oder Wirtschaftssimulationen wie *RollerCoaster Tycoon* (Chris Saywer 1999). Letztendlich bilden sich in Crawfords Taxonomie die historisch bedingten Umstände ab, welche für ihre Zusammensetzung verantwortlich sind. 1984 war der untersuchbare Korpus von Videospielen noch ein kleiner, der sich zudem vornehmlich aus Spielhallentiteln zusammensetzte. Crawford selbst betrachtete seine Arbeit schon zum damaligen Zeitpunkt kritisch bezogen auf seine historische Relevanz: „Computer game design is changing quickly", so Crawford, und seine Taxonomie damit „... [expected] to become obsolete or inadequate in a short time" (1984, S. 39).

In späteren Designmanifesten finden jedoch auch Gattungsbegriffe literatur- und filmwissenschaftlicher Herkunft eine Verwendung. In *Rules of Play,* einem der global meist rezipierten Texte (vgl. Järvinen 2019, Kücklich 2005) über die Spielentwicklung von Katie Salen und Eric Zimmerman (2004), werden Genrekonzepte insbesondere von einem kulturell-narrativen Blickwinkel her erläutert. Nach Rune Klevjer (2002) identifizieren sie:

> two components of game narratives: fictive worlds, which represent narrative context, and story events, the actual game incidents that take place within the fictive world. There is a complex relationship between these two narrative elements, each informing and enriching the other with narrative meaning. (Salen und Zimmermann 2004, S. 402)

Entscheidend für erfolgreiches Gamedesign ist für Salen and Zimmerman der Fokus auf ein „Meaningful Play" (2004, S. 31-37). Erfolgreiches Spieldesign bindet die Spieler*innen über Mechaniken in ein Spielsystem ein. Aus dieser Teilnahme soll sich dann ein Gefühl bedeutsamer Partizipation ergeben. Die Veranschaulichung narrativer Möglichkeiten zeugt von einem Verständnis für das, was die Bedeutung der fiktionalen Welt für Spieler*innen ausmachen kann. Salen and Zimmerman elaborieren also die Rolle fiktionaler Komponenten von Spielen, betonen damit auch die Bedeutung der Arbeit mit Genres:

4.1 Design

> Creating game narratives means playing in the realms of culture, engaging with tropes and conventions of genres from literature, media, popular culture, entertainment, and art. Incorporating representational frameworks from relevant narratives will help you elaborate on and transform those frameworks in ways that lead to compelling (and perhaps unusual) game experiences. (2004, S. 403)

Hier wird nun deutlich, dass die Genre-Erwartungen der Spieler*innen von Seite der Designer aus durch verschiedene, nicht essenziell an nur ein einziges Repertoire gebundene Genremarker bedient werden kann. Sowohl für Crawford als auch Salen und Zimmerman ist die Zugänglichkeit für Spieler*innen am wichtigsten. Um die Erfahrung bedeutsamen Spiels zu evozieren, können Videospiele nicht nur auf ein mechanisches Repertoire (‚Du kannst Gegenstände untersuchen, also musst du ermitteln'), sondern auch ein narratives (‚Du bist in diesem Spiel in der Rolle eines Detektivs, also musst du ermitteln') zurückgreifen. Zugleich ist Salen und Zimmermans Beschreibung eine Verdeutlichung des rasanten technischen Fortschritts, der die Entwicklung der Videospiele in den 20 Jahren seit Crawfords Publikation prägt. Zu den Arcade-Spielen gesellten sich mit den 1970er Jahren zunehmend auch multilineare, plotgetriebene Spiele (Freyermuth 2015, S. 77–78). Auch narrative Tropen dienen also dazu, den Spieler*innen den Einstieg ins Spiel zu erleichtern.

Bis ins Jahr 2019 diversifizierte sich die Entwicklerszene zusehends. Kritisierte Christoph Alexander 2004 noch die Rückständigkeit von Entwicklerstudios, die sich seiner Meinung nach der unreflektierten Wiederholung bewährter Arbeitsroutinen verschrieben haben (n. p.), spricht Chris Crawford dreißig Jahre nach *The Art of Computer Game Design* davon, dass Game Design heute geprägt von Varianz ist, welche insbesondere durch das enorm gewachsene Angebot an Ausbildungsmöglichkeiten für Spieledesigner zustande kommt (2012, n. p.). Designerin Katherine Neil betont zudem die verbesserte Marktlage insbesondere kleiner Entwicklerstudios und die erhöhte Verfügbarkeit von Designsoftware. Plattformen wie Steam erlauben es Spieldesignern heutzutage, ihre Titel ohne die enormen Kosten von CD-Druck, Lagerung und Distribution an ihr Zielklientel zu bringen, und Designsoftware ist zu erschwinglichen Preisen verfügbar.[1] Das hat einen massiven Anstieg des Spielentwicklergewerbes zur Folge:

> Together, all these changes to production and distribution, to the character of games and their audiences, have contributed to a massive increase in the volume and

---

[1] Es bilden sich ganze Designerszenen um kostenfreie Entwicklersoftware wie dem *RPG Maker* (ASCII 1992).

frequency of games being designed, produced, and brought to market. (Neil 2016, n. p.)

Aus verschiedenen Expertenfeldern kommen unterschiedliche Meinungen dazu, welche Genrefaktoren in der Spieleentwicklung von grundlegender Bedeutung sind. In *Writing for Videogame Genres* (2009) sammelte Wendy Despain 21 Expertenmeinungen aus der Industrie, um praktische Hinweise zur Arbeit mit einer Genrekategorie zu geben. Darunter finden sich, unter anderem, Beträge des ehemaligen Bioware Leaddesigners Daniel Erickson zum Thema ‚Schreiben für Rollenspiele' (2009, S. 11–17), Red Storm Entwickler Richard Dansky zum Thema ‚Schreiben für Horrorspiele' (2009, S. 113–125) oder Steve Danuser und Tracy A. Seamster (MMORPG). Generell verweisen die gewählten Autoren Despains und ihre Arbeitsprämissen, wie diese kleine Auswahl bereits unterstreicht, auf ein äußerst heterogenes Genreverständnis unter den Entwicklern, welches sich aus den unterschiedlichsten Arbeitsrealitäten der jeweiligen Designer ergründet. Das Werk elaboriert so etwa ein schwammiges Verständnis von Genreordnungen und Hierarchien, indem es Rennspiele als eigenständige Kategorie unabhängig von Sportspielen aufführt. Zwar gibt es Rennspiele, die dezidiert nicht mit realweltlichen Sportereignissen in Verbindung zu bringen sind (wie die Titel der *Mario Kart* Serie [seit 1992]), dennoch könnten sich Rennspiele, die den selbst gestellten Anspruch hegen, realitätsgetreu zu simulieren (wie etwa die *Gran Tourismo* Serie [seit 1997]), durchaus in beiden Kategorien aufzählen lassen. Solche scheinbar paradoxen Beispiele zeigen, wie permeabel die Grenze Sport/Rennen von Designern gesetzt werden kann – falls man sie überhaupt setzen möchte. Andere Designansätze fokussieren sich auf die Hardware. Graeme Davis elaboriert so die Genredesignarbeit für ‚Mobile Phone Games' (2009, S. 191–198), in der für ihn technische Faktoren ausschlaggebend sind – nicht jedoch das Sujet der Spiele. Sande Chen und Anne Toole setzen ihren Fokus auf ethische oder pädagogische Prämissen und sprechen über das Design von Serious Games (2009, S. 161–170) – ein Begriff welcher für „games for purposes other than ‚just' playing" steht (Dörner et al. 2016, S. vi). Despains Arbeit ist damit ein nennenswerter Verweis auf die Bedeutung des Genrebegriffs als vereinendes, aber auch trennendes Axiom im Videospieldesign. In groben Zügen decken sich zwar die Genreverständnisse von Designer zu Designer, dennoch werden sie, bedingt durch vorherrschende Ziele im Entwicklungsprozess, wie die Spielbarkeit auf einer bestimmten Plattform oder das Hervorheben einer thematischen Komponente, radikal unterschiedlich hierarchisiert und ausgelegt.

4.1 Design

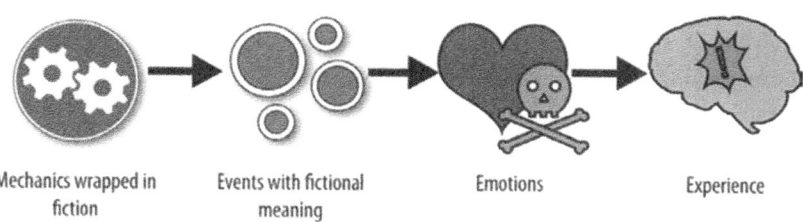

| Mechanics wrapped in fiction | Events with fictional meaning | Emotions | Experience |

Abb. 4.1 Tynan Sylvesters Designprozess (2013, S. 44)

In jüngeren Nachschlagewerken und Erfahrungsberichten von und für Spieleentwickler verzeichnet sich ein gereiftes Verständnis über das notwendige Zusammenspiel der Repertoires eines Videospiels. Designer Tynan Sylvester etwa stellt in *Designing Games: A Guide to Engineering Experiences* eponym die Idee der Erfahrung an die Spitze von Entwicklerzielen (Abb. 4.1).

In seinem Kreativprozess setzt Sylvester an der Spielmechanik an, da diese wichtig ist, um Spieler*innen den Eingang ins Spiel zu erleichtern:

> Consider a first-person shooter (FPS). Until the player knows how to move, turn, and shoot, FPS games are unplayable. For players totally new to the genre, this is an intimidating barrier to entry. It takes hours of practice to learn the abstract relationships between screen movements and controller inputs. This barrier makes FPS games inaccessible for most people. (Sylvester 2013, S. 66)

Ohne Vorkenntnisse über das mechanische Genre, so zeigt das Beispiel des FPS (oder auch Ego-Shooters), ist es schwierig, ein entsprechendes Spiel an sich zu erfahren. Nach Sylvester muss der mechanische Handlungsspielraum jedoch eine narrative Einbindung erfahren (Abb. 5.1). Erst durch die Kombination lassen sich relevante Geschehnisse von, so betont Sylvester, fiktionaler Bedeutung auslösen (2013, S. 44), welche die Grundlage für emotionale Effekte bilden. Nur so finden sich Spieler*innen tatsächlich in einem bedeutungsvollen Moment wieder, welcher einer bedeutungsvollen Spielerfahrung entspricht.

4.2 Marketing

Aus marktwirtschaftlicher Perspektive sind Genrebegriffe insbesondere als Label relevant, um zielorientiert bestimmte Käuferschichten anzusprechen. Die Videospielindustrie ist aktuell der umsatzstärkste Wirtschaftszweig der Unterhaltungsbranche: 2018 erreichte die Videospielindustrie laut Entertainment Software Association einen Rekordumsatz von 134,9 Mrd. US$ (Batchelor n. p.). Um in der Flut konkurrierender Videospielveröffentlichung für Käufer auffällig zu werden, müssen Videospiele für gewöhnlich orientiert an Kundenerwartungen vermarktet werden, wie Adams beschreibt:

> The retailers began organizing their shelves along these lines. Publishers created product plans based on them. Gamers learned to prefer one genre over another and to identify themselves as fans of shooters or platformers or real-time strategy. (2009, S. 1)

Dabei lassen sich Vermarktungsstrategien beobachten, welche sich als diametral skalierte Herangehensweisen im Einsatz von Genres beschreiben lassen können:

Genrebegriffe werden offen und spezifisch ausgelegt Auf der einen Seite werden Genres so breit gefasst, dass sie kaum mehr aussagekräftig erscheinen. Die Entertainment Software Association (ESA), welche in ihrem Jahresbericht unter anderem auch die bestehenden (Marketing)Trends unter den Videospielen dokumentiert, listet für den Jahresbericht 2019 Casual, Action und Shooter als beliebteste Genres (6). Es ist jedoch nicht nur so, dass sich gerade die letzten beiden Grobkategorien gegenseitig zu inkludieren scheinen – sie sagen, ebenso wie der Begriff ‚Casual', effektiv nichts über die von den Spieler*innen präferierten Mechaniken oder Narrationen der gekauften Titel aus. Andererseits finden Genres, in starkem Kontrast zu dieser breiten Auffassung, auch in einer Art Überspezifizierung Verwendung, die exemplarisch einzelne Titel als genreweisend zu verstehen scheint. Heutzutage etwa werden Videospiele regelmäßig als ‚Souls-Like' beworben. Der Begriff entwickelte sich aus der journalistischen Rezeption des Action-Rollenspiels *Dark Souls* (FromSoftware 2011), welches in der Kritik oft für seinen herausfordernd hohen, aber fairen Schwierigkeitsgrad gelobt wurde. Derweil wird der Begriff oft bis zur Sinnentleerung überstrapaziert und als allgemeiner Ausdruck einer Kategorisierung von Spielen verwendet, die „unforgivingly difficult" sind „and [that] involve a certain degree of trial and error" (Rennick 2017, n. p.). Absurd scheint darum der Fall von *Cuphead* (Studio MDHR 2017), einem 2D Jump-and-Run (oder auch Run-and-Gun, wie es aufgrund des zentralen Mechanismus zum Überwinden von Feinden und Hindernissen genannt wird), das aufgrund seiner schwierigen Geschicklichkeits- und Reaktionsvermögen erfordernden Level als Souls-Like gebrandmarkt wurde (Rennick 2017, n. p.), jedoch sowohl spielmechanisch, ästhetisch als auch bezüglich seines Mehrspielerfaktors nichts mit *Dark Souls* gemeinsam hat. Die Verallgemeinerung ist mittlerweile derartig häufig in Reviews und Internetforen anzutreffen, dass sie sich gar zum satirischen Meme-Format gemausert hat.[2]

Genrebegriffe werden vermieden und betont Rachel Ivy Clarke, Jin Ha Lee und Neils Clark stellen aus einer informationswissenschaftlichen Perspektive heraus fest, dass Genretraditionen in Entwickler- und Berichterstatterkreisen als Zeichen von Stagnation gewertet werden können (2015, S. 9). Paradoxerweise ist der als übersaturiert empfundene Rückgriff auf bereits gefestigte Genrebegriffe im Marketing zwingend notwendig: Da die etablierte Genreterminologie nicht in der Lage ist, die Komplexität von Videospielen vollständig einzufangen, greift man in der Vermarktung oft auf breitmöglichste Genrekategorien wie Action oder RPG zurück, um Spieleveröffentlichungen an eine möglichst breite Zielgruppe zu kommunizieren (Clarke et al. 2015, S. 7–8). Auch die „tendency of game developers to actively combine elements of previously successful games in an attempt to create fresh content" kann festgestellt werden (Clarke et al. 2015, S. 9). Nicht die nach wie vor altgedienten Genretraditionen per se, sondern deren Komposition soll als innovativ präsentiert werden und Produkte individuell von der Masse abheben. Das jüngst erschiene *Void Bastards* (Blue Manchu 2019) unterstreicht diesen Punkt: Im Kern ist der Titel ein First-Person-Shooter, beruhend auf den vertrauten Prämissen des Raum-Aneignens und Ziel-Schießens (Bopp et al. 2009, S. 9), der jedoch auf strategische Elemente von Abenteuergenres, wie das Crafting von Gegenständen, zurückgreift und die klassischen Shooter-Mechaniken mit einem karikativem Comicstil vereint.

Genres werden für die Nischengruppe und für alle ausdefiniert Im Marketingbereich spielen Genreverständnisse auch in Bezug auf Geschlecht und Alter der Zielgruppe eine tragende Rolle. Empirische Studien verankern immer wieder, dass unterschiedliche Gruppen sich an unterschiedliche Genrepräferenzen festhalten. Stereotyp können junge Zielgruppen so als offen für ein weites Feld an Genretraditionen beschrieben werden, ältere Zielgruppen bevorzugen wiederum eher Genres wie das Puzzlespiel (Foster 2016, S. 20). Gleichwohl verweist

---

[2]Etwa über den Twitterkanal @xmeetsdarksouls.

Sterbenz auf die Unzulänglichkeit von Genreetiketten, die in der oft auch genderspezifischen Vermarktung von Videospielen eine Rolle spielen (34–37). Diese Einteilungen wirken jedoch oft arbiträr, wie etwa im Falle von Gartenbergs Aufschlüsselung der Genrepräferenzen weiblicher Spielerinnen:

> ...there is also a distinct opportunity to target the underserved market of female teenagers. Genres that are most heavily preferred by this segment include Parlor Games, Simulation, and Arcade style games. Another underserved market is that of female adults who prefer the Board/Card/Puzzle, Action/Adventure, Arcade, and Simulation genres. (Gartenberg 2004, S. 11)

Gartenbergs Aufzählung mischt wild und vage Genrekategorien, deckt allein mit den Ideen Simulation und Action/Adventure ein großes, diffuses Feld ab, dass nicht geschlechterspezifisch verortet werden kann. In einer anderen Marktanalyse von Frank Alpert verweist das Verständnis eines Genres dabei direkt auf die Probleme des gegenderten Marketings und die Probleme der Marketingeinteilung generell: Management-Spiele. Alpert zieht eine Grenze durch das Strategie-Genre und empfiehlt aus marktstrategischer Perspektive heraus eine Unterscheidung von Management- und kampf-orientierten Strategiespielen. Seine definitorische Grenze zieht er schließlich basierend auf der ethischen Prämisse ‚gewaltsam' oder ‚nicht gewaltsam'. Er kommt zu dem Schluss, dass Frauen aufgrund dieses Markers eher Management-Spiele bevorzugen:

> Management strategy does not include any combat and often is about people, making them happy, and their social interactions. Thus, management strategy games are very different in spirit from combat strategy games. Management strategy games may have more appeal to women. (2007, S. 97).

Fraglich ist hier, inwiefern Alpert mit dieser Auferlegung eines gesellschaftlichen Konstrukts nicht gleichzeitig zwei Schienen essentialistischer Probleme evoziert: Nicht jedes Managerspiel ist automatisch friedliebend – etwa der Gladiatoren-Manager *Domina* (Dophin Barn 2017) –, auch entspricht die Feststellung eines geschlechterpräferierten Genremarkers eher einer Auferlegung. „It is not that women do not … enjoy direct competition, power, fast action, or even violence", erläutert T.L. Taylor (2008, S. 57), sondern „that they also serve to reify this very distinction" (2008, S. 57)

Weitere Probleme in der marketinggesteuerten Genreeinteilung sieht Alpert in der konzeptionellen Beständigkeit ihrer Anwendung: „Conceptual consistency of types within a typology is desirable. The Entertainment Software Association game genre typology contains a type that seems conceptually incompatible with its other types: ‚Family and Children's entertainment."" (2007, S. 16). Man darf vermuten, dass es sich um kindgerechte narrative und eingängliche Mechaniken handelt, oder dass lokales Multiplayerspiel im Vordergrund steht, um die Familie vor der Konsole zusammen zu bringen – der eigentliche Spielinhalt und die -erfahrung bleiben jedoch außer Acht.

Videospiel-Trendkategorien der Vermarktungsbranche zeigen sich in diesem Abriss als oft in sich widersprüchlich. Sie stellen sich nebulös dar und können dadurch allgemeine wissenschaftliche Genreüberlegungen erschweren. Marketingetiketten können jedoch auch nützlich für die Gattungsforschung sein. Sie erlauben es, „Strömungen zu identifizieren und verständlicher zu machen" (Sterbenz 2011, S. 37). Verkaufszahlen geben Auskunft darüber, welche Genres im Trend liegen und aus welchen Experimenten mit Genremarkern neue Subgenres entstehen können. Marketingansprüche tragen damit also auch zu einer Verfestigung von Definitionen einzelner Genres bei, müssen jedoch stets in kritischer Relation zu den anderen Diskursfeldern gesehen werden.

4.3 Journalismus

Auch in der Berichterstattung über Videospiele bilden Genres eine wichtige kommunikative Verständnisinstanz. Literatur- und Didaktikprofessor Jan Boelmann benennt Fachzeitschriften gar als „Urheber [der] Systematisierung" von Videospielen (2015, S. 99). Tatsächlich spielt die Kategorisierung eine zentrale Rolle im Computerspieljournalismus. Redakteur Robert Glashüttner etwa beschreibt eine Entwicklung von generellen Magazinen mit Servicecharakter und Kaufempfehlung hin zu Special Interest Aufarbeitung, die den Leser und das Videospiel als Teil einer etablierten Kulturform betrachtet (2009, S. 128–129), in der auch dem Diskurs über Spielgenres eine Bedeutung zufällt. „Die Etikettierung der einzelnen Spiele mag in Magazinen und der popkulturellen Literatur zwar stark divergieren – lässt man jedoch die verwirrende Nomenklatur außer Acht und vergleicht die einzelnen Beschreibungen, finden sich durchaus Parallelen" (Sterbenz 2011, S. 46). In der Tat weisen die im Folgenden besprochenen, wichtigen Vertreter des Videospieljournalismus im deutschen und englischen Sprachraum die von Sterbenz erwähnten parallelen Bezugsmuster hinsichtlich einer Genrenomenklatur auf. Zwei Tendenzen im journalistischen Diskurs prägen das Bild der Berichterstattung über Videospielgenres in einschlägigen Redaktionen heute besonders:

das Abkommen von der Verwendung traditioneller medieninhaltsorientierter Genrebezeichnungen als Orientierungshilfe für Leser und der damit einhergehende neuerliche Fokus auf Hardwarezuweisungen.

In einigen zentralen Organen des Videospieljournalismus wird noch mit einer inhaltlichen Genreunterteilung gearbeitet, welche aber durch andere Genretrennmerkmale spezifiziert werden kann. IGN.com, eine der größten Onlineplattformen und Tochterunternehmen der IGN Entertainment Gruppe, bietet den Lesern eine duale Suchfunktion über die Auswahl aktueller Spielehardware und einer inhaltlichen Genresuchliste. Die Reviews sind in insgesamt 27 Spielegenres aufgespalten, wobei primär die Spielmechanik als Richtlinie für die Ausdifferenzierung von Kategorien dient. Einzelne Genrekategorien wie ‚Hunting' oder ‚Casino' sind in der Auflistung von IGN, gerade im Vergleich zu großen Kategorien wie ‚Battle' und ‚Flight', äußerst nischenbezogen formuliert, was interpretiert werden kann als ein Eingeständnis, auf die Interessen der Leserschaft einzugehen. Gamespot.com, eine vornehmlich, aber nicht nur, auf Videospiele gerichtete Plattform zur Berichterstattung über Entertainment, diversifiziert Spielegenres über einen dreigeteilten Suchumfang. Zunächst wird eine Vorauswahl der Hardware getroffen. Gamespot.com bietet hier ein maximal inklusives Auswahlfeld, das neben aktuell vertriebenen Konsolen und dem Computer auch markante Hardwareinstanzen aus den letzten Jahrzenten der Videospielgeschichte, wie den Commodore 64, oder periphere Spielhardware, wie den Amazon Fire TV Stick, berücksichtigt. Anschließend finden sich in einer Suchliste 64 benannte inhaltliche Spielegenres. Diese sind Großteils an traditionellen mechanischen Genrebegriffen orientiert, wie ‚Action' oder ‚Roleplaying'. Andere eher eng gefasste Genrekategorien wie ‚Hunting' oder ‚American Football' lassen sich, ähnlich der Taxonomie von IGN.com, auch hier finden und verweisen ebenso auf spezifische Interessensnischen der Zielleserschaft. Andere Optionen im Genresuchfeld, wie etwa die Möglichkeit der Einschränkung auf die grafischen Darstellungsdimensionen 2D und 3D, wirken nebulös, da sie auch auf diverse andere gelistete Genrefelder anwendbar sind. Ein interessanter Fall diesbezüglich ist die Hub-Seite Metacritic.com, die Reviews im Internet zusammensucht und aus diesen Daten eine eigene Gesamtnote für Videospiele und andere Medien, basierend auf einer Skala von Eins bis Hundert, formuliert. Zusätzlich können die Nutzer der Webseite ihre eigene Bewertung abgeben und mit der Wertung von Metacritic vergleichen. Zunächst bietet das Portal eine Auswahl von Spielehardware an, gefolgt von 19 Genrekategorien. Diese Offerte mischt generell mechanische Genres mit einem einzelnen, interessanten Sonderfall, der weder eindeutig für mechanische noch für narrative Spielprinzipien spricht: dem Wrestling. Arsenault betont zudem, dass die Genrekategorien von Metacritic nicht nur vage zusammengefasst sind, sondern

4.3 Journalismus

auch seiner Auffassung nach bedeutsamen Labels wie das Massively Multiplayer Online Role-Playing Game nicht beinhalten. Arsenault forschte über die Zusammensetzung der Genrekategorien von Metacritic.com nach und fand folgendes heraus:

> When contacted on the subject, site editor Marc Doyle replied via email that the genre labels were simply text fields, which in other words could be freely entered as little more than tags, and were often based on the marketing claims of the game publishers. (2009, S. 154)

Metacritic.com verlässt sich also auf ein organisch wachsendes System von Genremarkern, welches unbewusst und frei von seiner Lesergemeinschaft ergänzt wird.

Im deutschsprachigen Raum ist die PCGames als einer der bedeutsamsten fachjournalistischen Vertreter zu nennen. Im Printformat verwendet die PCGames kein beständiges Format zur Benennung von Spielgattungen. Auf der Webpräsenz PCGames.com finden sich wiederum acht Hauptkategorien an Genres – Rollenspiel, Rennspiel, Strategie, Sportspiel, Sonstiges, Action, Online und Simulation –, die wiederum in diverse Subgenres aufgeteilt sind. Unter den Rollenspielen finden sich beispielsweise die Untergliederungen Adventure, Rollenspiel und Action-Rollenspiel, was einerseits die Hybridisierung von Genres in Videospielen zur Kenntnis nimmt, andererseits die vorgeschlagenen Überkategorien freilich direkt selbst infrage stellt. Das seit 1997 bestehende Computerspielmagazin Gamestar führt seit der Ausgabe 10/2010 keinen Genrekatalog in seinem Inhaltsverzeichnis mehr. Zuvor orientierte sich das Magazin allgemein an den fünf Kategorien ‚Action', ‚Adventure' (in manchen Ausgaben auch ‚Abenteuer'), ‚Simulation', ‚Strategie', ‚Sport' und die rein konsumorientierte Kategorie ‚Budget'. Das Magazin greift in seiner Web-Präsentation auf einen Genrekatalog von 35 unterschiedlichen Arten zurück. Dieser ist primär spielmechanisch orientiert und führt der narrativen Ausgestaltung eines Spieles in der Organisation keine Bedeutung zu. Allerdings weist der Katalog auch zeitgenössische Besonderheiten auf: So wird die Kategorie ‚Shooter' für zwei Spieletitel spezifischer in die Kategorie ‚Loot-Shooter' überführt – nämlich für die Titel *Destiny 2,* (Bungee 2017) und *Tom Clancy's The Division 2* (Massive Entertainment 2019). Auch wenn der Begriff vonseiten des Gamestar nicht – wie keine der Genrekategorien – exakter begründet wird, sind hiermit wohl Ego-Shooter gemeint, deren besonderer Schwerpunkt auf dem Sammeln immer besserer Waffen und Items liegt. Dies wirft allerdings weitere Fragen auf: Ein Spiel wie *Borderlands 2* (Gearbox 2012), dessen Kernprinzip sich ebenfalls um das Erschießen von Gegnern aus

First-Person Perspektive und dem stetigen Suchen und Sammeln besserer Gegenstände zusammensetzt, kann ebenfalls diesen Kriterien zugeordnet werden, wird auf der Onlineplattform des Magazins jedoch rein als Ego-Shooter gelistet.

Andere wichtige Vertreter des Videospieljournalismus sind mittlerweile zu einem komplett Hardware-orientierten System der Kategorisierung übergegangen. Das vornehmlich über Videospiele und Fankultur berichtende Portal Kotaku etwa bietet in seiner Suchfunktion für Videospiele nur noch eine Suche nach den vier aktuell marktdominanten Spielekonsolen – der Playstation 4, der Xbox One, dem Nintendo 3DS und dem Nintendo Switch – sowie dem Computer als Spieleplattform an. Neben der hardware-exklusiven Suche gibt es eine Suchfunktion für Multiplattformspiele, die auf mehreren Hardwarevarianten erschienen sind. In den weiteren, ominösen Unterkategorien ‚Uncategorized' und ‚Retro' sind nur zwei Spiele als Teil eines spielehistorischen Kommentars gelistet. In ähnlicher Weise bietet die Popkultur-Plattform Polygon eine reine Auswahl von Herstellerfamilien ohne exakte Nennung von Konsolenmodellen zur Orientierung: Xbox, Playstation, Nintendo und der PC. Unabhängig von Hardwaredifferenzierungen werden die Spieleserie *Pokémon* (seit 1996) und *Fortnite* gelistet. Auf Seite der deutschen Berichterstattung zieht auch Computer Bild Spiele eine reine Hardwareeinteilung den klassischen inhalts-orientierten Genretaxonomien vor. Hier ist spezifisch der Fokus auf Handheldkonsolen festzustellen. Wieder andere Formate verzichten auf den ersten Blick komplett auf Genreklassifizierungen. Das zumeist in Großbritannien vertriebene Magazin Edge enthält in seiner Berichterstattung beispielsweise keine vordergründig präsenten Genreeinteilungen. Ganz unter dem Leitgedanken des Magazins, in dem auch die einzelnen Journalisten in den Hintergrund rücken und Reviews nur mit dem Heft-Logo unterschrieben sind, steht ein jedes Videospiel ganz individuell in der Aufmerksamkeit des Betrachters.

Im Rahmen der traditionell etablierten journalistischen Institutionen sei, egal ob diese in Print oder (mittlerweile) digital operieren, zudem noch die leitgebende Wirkung hoher Spielebewertungen und herausragend guter Reviews erwähnt. Nicht selten etablieren sich bestimmte Videospiele innerhalb von redaktionellen Traditionen als Benchmarks eines Genres: Besonders positive Bewertungen und Kritiken erhaltend werden sie nicht nur in ihren Genre-formierenden Attributen lobend hervorgehoben, sondern etablieren sich innerhalb dieser auch als Takt angebend. Der zirkulären Logik eines erahnten ‚Genre-Erfolgsrezepts' folgend müssen sich spätere Titel den konsequenten Vergleich mit einem Ausnahmespiel gefallen lassen, oder eifern diesem sogar bewusst nach. Im Bereich der Schnittstelle Fantastik und Hack and Slay, einem besonders auf Gefechte und Sammeln von Schätzen fokussierten Sub-Genre des Action-Rollenspiels, müssen sich Genrevertreter seit dem von der Kritik hoch gelobten, im Jahr 2000 veröffentlichten

Benchmark-Spiel *Diablo II* (Blizzard North) von Presse, Journalisten und freien Reviewern an eben jenem Titel messen lassen. Der Fakt, dass dieses Prinzip selbst bei Titeln wie dem 2020 (!) veröffentlichten *Wolcen: Lords of Mayhem* (Wolcen Studios) noch greift, verdeutlicht den Wirkradius journalistischer Gütesiegel in Sachen Genremaßstäbe.

Aktuell laufen individuell arbeitende Streamer den traditionellen journalistischen Redaktionen in Sachen Popularität den Rang ab. Einzelne Spieler*innen, die sich selbst während der Videospielrezeption filmen und dann ihren Fans auf Twitch oder anderen Plattformen diese Spiele präsentieren, nehmen einen immer größeren Stellenwert in der öffentlichen Wahrnehmung von Videospielen als Alternative zum Videospieljournalismus ein. Sjöblom et al. untersuchten 2017 in einer Studie, welche Bedeutung Videospielgenres unter populären Streamern besitzen. In Anlehnung an die Gattungskategorisierung von Lee et al. 2014[3] identifizieren sie elf auffällige Genres unter den 50 populärsten Spielen auf der Streaming-Plattform Twitch. Das Ergebnis ihrer Nachforschung zeigt, dass Streamer wenig auf inhaltliche Genreverständnisse zurückgreifen. Vielmehr sind individuell gewählte und kategorisch selbst auferlegte Meta-Genres anhand der eigenen dokumentierten Spielerfahrung in ihrem Umgang mit Videospielen von Bedeutung (2017, S. 164). Durch den Fokus auf eine distinkte Rezeptionserfahrung ihrer Zuschauerschaft – Sjörborn et al. listen unter anderem die Formate ‚Talk Show' und ‚Let's Play' (für die Zuschauer dokumentarisch festgehaltene, oft kommentierte Spiele) – grenzen sich Streamer zwar untereinander taxonomisch voneinander ab, weniger jedoch ihre eigentlich gespielten Videospiele.

4.4 Pädagogik

Der Anteil von Medien an der Welt/Wirklichkeitserfahrung nimmt stetig zu – eine neue Dimension von Wirklichkeit ist mit dem Aufkommen von hoch entwickelten Technologien entstanden. Wenn nun die reflektierende Begegnung und Auseinandersetzung mit Wirklichkeiten ein grundlegender Bestandteil von Pädagogik ist, dann ergibt sich daraus der Schluss, dass Medienpädagogik die gesamte Pädagogik wesentlich stärker durchdringen soll. Pädagogik muss gleichzeitig auch Medienpädagogik sein. (BMBWF 2012, S. 1)

Mit der zunehmenden Relevanz der Förderung digitaler Kompetenzen im Schulunterricht aller Jahrgangsstufen, wie sie etwa vom just zitierten österreichischen Bundesministerium für Bildung, Wissenschaft und Forschung formuliert wurde,

---

[3] Genauer erläutert in Abschn. 4.5.

hat die Frage nach den Genrekategorisierungen von Videospielen auch in den Lehrerschaften Bedeutung gewonnen. Videospiele können im Schulunterricht vielseitigen Einsatz finden, etwa.

> to take in information from many sources and make decisions quickly; to deduce a game's rules from playing rather than by being told; to create strategies for overcoming obstacles; to understand complex systems through experimentation. And, increasingly, they learn to collaborate with others. (Prensky 2003, S. 21)

Wenn das Videospiel jedoch effektiv als Unterrichtsmittel zur Vermittlung dieser und anderer Qualitäten genutzt werden soll, muss den Lehrerschaften auch eine Perspektive auf eine Taxonomie von Videospielen geboten werden, die es erlaubt, Videospiele zweckorientiert für den Unterricht auszuwählen. In der Pädagogik werden Genres darum nach Kriterien der erziehungswissenschaftlichen Nutzbarkeit organisiert. Bekannte Genrelabels werden verwendet und für entsprechende Lehrziele umgewidmet, um eine Brücke zwischen allgemein verwendeten Genrekategorien und Bedarfstaxonomien zu erschaffen. Für den Unterricht mit Videospielen ist primär die Lernerfahrung von Relevanz, welche bei unterschiedlichen pädagogischen Zielen unterschiedliche Gattungshierarchien abverlangen kann.

Die Genreklassifizierung von Baptista et al. stellt die zu erlangende Zielkompetenz in den Mittelpunkt (2016). Ihre Taxonomie stützt sich auf die mechanischen Eigenheiten eines Videospiels und rechtfertigt dies damit, dass sie der direkte Weg zur Problemlösung durch Interaktion ist. Dafür liefern Baptista, Coelho und Vaz de Carvalho einen Satz von spielmechanisch (im Sinne von Interaktionsmöglichkeiten zur Überwindung von Herausforderungen im Spiel, 2016, S. 29) ergründeten Genres – Action, Strategy, Role Playing, Sports, Management Simulation, Adventure, Puzzle und Quizzes –, die sie jeweils mit der Möglichkeit, verschiedene Hard Skills und Soft Skills zu erlernen, in Verbindung setzen (2016, S. 32). Kritisch zu bewerten ist, dass Baptista, Coelho und Vaz de Carvalho in ihrer tabellarischen Ausführung zwar auf mechanische Genres setzen, aber die Role-Playing Games implizit an die Spitze der eigenen Argumentation heben, in dem sie dem Genre den meisten Erfolg in der Förderung von „Intellectual Excellency" zuschreiben (Baptista et al. 2016, S. 32). Dies ist insofern verwunderlich, da in Rollenspielen neben mechanischen Aspekten vornehmlich auch die Identifizierung mit einer narrativ begründeten Figur und einer fiktionalen Welt von Bedeutung ist, um die Herausforderungen des Spiels bestehen und evaluieren zu können (Schallegger 2018).

4.4 Pädagogik

Eine ähnliche Taxonomie etabliert Pädagoge Jan Boelmann, der allerdings nicht spezifische Lernziele, sondern „narrative Computerspiele klarer im Makrokosmos aller Computerspiele verorten" möchte (2015, S. 100). Boelmanns geht es dabei speziell um die Suche von geeigneten Videospielen zur Vermittlung literarischer Kompetenzen. Um dafür überhaupt infrage zu kommen, sollten die Spiele folgende Bedingungen erfüllen: Sie müssen einen festgelegten narrativen Rahmen besitzen, der sich in Teilen, aber nicht grundlegend, beim mehrmaligen Durchspielen verändert, und ihre Handlungsstrukturen müssen komplex und inhaltlich relevant genug sein, um sich einer Analyse im Schulunterricht anzubieten (2015, S. 124). Durch diese Ansprüche soll gewährleistet werden, „dass alle Spieler* eine gemeinsame, nahezu identische Grundlage für die unterrichtliche Arbeit erhalten" (2015, S. 274–275). Auch Boelmann orientiert sich in seiner Taxonomie an „spielerischen und nicht an inhaltlichen Elementen" (2015, S. 100), da er den narrativen Charakter eines Videospiels „eng an [seine] Spielführung gekoppelt" sieht (2015, S. 102). Eine präliminäre Genreauswahl von elf Spielgenres, reduziert er auf eine kleine Taxonomie von vier Genres, in denen sich seine Ansprüche zur Literaturdidaktik in besonderer Weise erfüllt zeigen: Als hochnarrativ sieht Boelmann Shooter, Strategie, Adventure und Rollenspiel (2015, S. 106).

Auch Kurt Squire sucht „not just compelling game play experiences, but compelling *educational* experiences" (2011, S. 106, Hervorhebung im Original). Entgegen seiner Behauptung, sich an bekannten Entertainment-Genrekategorien zu orientieren (2011, S. 105), bedient sich seine Taxonomie jedoch eines generell unabhängigen Vokabulars. Insgesamt nennt Squire fünf Genres und evaluiert diese auf Kategorien, die Pädagogen als Entscheidungshilfe für den tatsächlichen Einsatz im Unterricht dienen sollen (2011, S. 105):

- **Microworld:** Ein eng auf bestimmte Spielziele ausgelegter Titel kann in Zeiteinheiten von 1–4 h (über mehrere Tage hinweg) die Kreativität von Schülern fördern, indem er anregt, das Spiel auf verschiedene Arten zu beenden oder innerhalb eines Levels kreativ zu werden. Als Beispiel nennt Squire unter anderem *Immune Attack* (Federation of American Scientists 2008).
- **Linear Action:** Ein eng auf bestimmte Spielziele ausgelegter Titel kann in Zeiteinheiten von 6–20 h (über 1–4 Wochen hinweg) kreative Problemlösungsprozesse fördern oder Schülern die Gelegenheit geben, Filme innerhalb die Spieleengine – sogenannte Machinema- oder Machinima-Filme – zu produzieren. Als Beispiel nennt Squire unter anderem *Full Spectrum Warrior*.
- **Role Playing:** Spiele mit moderat offenen Spielzielen, können in Zeiteinheiten von 12–80 h (über 3–12 Wochen hinweg) kreative Problemlösungsprozesse

sowie Reflektionen über Charakterentwicklung und Veränderungen der Spielwelt zulassen. Als Beispiel nennt Squire unter anderem *WolfQuest* (Eduweb 2007).

- **Sandbox:** Dieses Spielgenre, dass eine große Vielzahl an möglichen Zielen bietet, kann in Zeiteinheiten von 1–4 h (über 2–24 Monate hinweg) kreative Problemlösungsprozesse fördern, Reflektionen über die Veränderungen der Spielwelt zulassen und zum Modding inspirieren. Als Beispiel nennt Squire unter anderem *Sim City*.
- **Persistent World:** In einer für viele Ziele offenen, beständigen Spielewelt kann in Zeiteinheiten von 1–4 h (über mindestens 6 Monate hinweg) das Verständnis für Social Engineering gefördert werden. Als Beispiel nennt Squire unter anderem *Whyville* (Numedeon 1999).

In Squires Taxonomie ist, ebenso wie für Baptista, Coelho und Vaz de Carvalho und Boelman, die Spielmechanik ein Fixpunkt der Grundordnung. Generell ist für Squire die Möglichkeit der Sinnstiftung innerhalb der virtuellen Geografie eines Videospiels die entscheidende Konstante. Für ihn ist die Videospielwelt per se eine ideologische Welt:

> Central to the serious study of games are questions of how players make sense of these digitally mediated experiences: If games are 'possibility spaces,' then researchers need to account for how players inhabit them and the mechanisms by which meanings become interpreted from these experiences. ... [T]his shifts the question from one of 'delivering content' to one of 'designing experience.' Many important questions persist – such as how games create and mobilize hybrid identities for players, and how these identities are enacted across contexts. (Squire 2006, S. 20)

Für Squire ist das Handeln im Spiel also stets an den möglichen Wissenserwerb in der Virtualität gekoppelt (Squire 2006, S. 20) und so implizit immer an seine Genretaxonomie gebunden.

4.5 Wissenschaft

Die in Kap. 3 veranschaulichte historische Entwicklung der allgemeinen Gattungstheorie lässt sich in spiegelbildlichen Zügen auch in ihrer Anwendung auf Videospiele beobachten. Die ursprüngliche Formierung von Gattungsinteressen im Arbeits- und Forschungsfeld Videospiel wurde bestimmt von der Suche nach Ordnung und Hierarchisierung der theoretisch-formatierenden Ansätze in

4.5 Wissenschaft

der Gattungsforschung des Videospiels. Ihr folgte eine Phase der Harmonisierung unterschiedlicher Genrekategorien und mit ihr ein, dem *New Criticism* nicht unähnlicher, Paradigmenwechsel auf Genreentwicklungen, Genrefusionen, und die Historizität von Videospielgenres. Am deutlichsten wird dies unter Berücksichtigung der bereits in der Einleitung dieses Werks angesprochenen, oft zitierten ‚Ludologie gegen Narratologie' Debatte (vgl. u. a. Gamescoop 2012, S. 10; Egenfeldt-Nielsen et al. 2016; oder Freyermuth 2015), die mittlerweile gemeinhin als überflüssig und passé betrachtet wird (Weidmann 2013, n. p.), deren Nachwehen jedoch noch immer das stark dialektische Denken zwischen ‚Spiel oder Narration' im Feld der Game Studies prägen. In der akademischen Auseinandersetzung handelte es sich immerhin um nichts Geringeres als „a fight for academic influence over what is perhaps the dominant contemporary form of cultural expression" (Aarseth 2004a, S. 45). Als größte Problematik in dieser Frage stellte sich die unterschiedliche Gewichtung der beiden Zugänge in Videospielen heraus, denn der Gesamtkorpus an Videospielen lässt sich letzten Endes nur durch seine schier unendliche Heterogenität charakterisieren. Spiele wie *Virginia* (Variable State 2016), die stark narrativ getrieben sind, aber kaum Interaktionsangebote bieten, oder *Tetris* die, fast ausschließlich für ihre ludischen Charakteristika bekannt sind und wenig narrativen Inhalt bieten, lassen sich allesamt als Videospiele bezeichnen und verdeutlichen, wie die Vielfältigkeit des Mediums unausweichlich Fragen der Hierarchie von Genrerepertoires provoziert. Die unterschiedlichen strukturellen Tendenzen dieser Titel bedürfen eines fachspezifischen Vokabulars zur adäquaten Analyse, was sich auch in den bisherigen Versuchen taxonomische Systematiken zu erstellen äußert.

Es gab unzählige Kategorisierungsmodelle, die alle mit ihren eigenen Stärken und Schwächen aufwarten. Welche merkwürdigen Früchte die Bestrebung stringenter Genrekategorisierungen mit sich trägt, zeigt ein anschaulicher Vergleich Andreas Rauschers (2018, S. 349). Die Anekdote über den Sinn und Unsinn fester Videospiel-Genrekategorien stellt zwei grundlegend verschiedene Genremodelle komparativ vor: Mark P. Wolfs Einteilung aus *The Medium of the Videogame* (2001) und die Genreklassifikationen von Egenfeldt-Nielsen, Smith und Tosca (2008). Wolfs Genremodell, mit dem er sich klar von ikonographischen Taxonomien abheben und eine interaktive Klassifizierung bieten möchte (2001, S. 115–116), umfasst insgesamt 44 Genres. Gerade deshalb erscheint das Modell unhandlich, da es viel zu viele Kategorien umfasst, um rudimentären Gebrauch zu finden. Zudem verweist Wolfs Modell, ähnlich wie der in Abschn. 4.1 besprochene Ansatz von Crawford, klar auf die rasante Entwicklung und wuchernde Vermehrung des Videospielkorpus. Viele der Genrebegriffe von Wolf (Maze, Chase) zielen direkt auf Spielmechanismen von Arcade Spielen der frühen 1970er Jahre ab, die explizit von den Hardwaremöglichkeiten damaliger Automaten abhängig waren und heutzutage keine repräsentativen Oberkategorien mehr darstellen könnten. Einige Genres sind beinahe schon als obsolet anzusehen, wie etwa Wolfs Bezug auf das von ihm als Programming Games betitelte Genre, in dem Spieler*innen kleine Programmieraufgaben lösen müssen (2001, S. 129). Auch wenn periphere Genretraditionen kaum aussterben werden und in kleinen Interessensnischen aperiodisch immer wieder reanimiert werden, geraten sie in der Wahrnehmung der Allgemeinheit, gerade im Bereich der Videospiele, schnell in Vergessenheit. In krassem Gegensatz dazu beschränken sich Egenfeldt-Nielsen, Smith und Tosca in ihrer Taxonomie auf eine grobe Kategorisierung von vier Genre-Archetypen: Action, Adventure, Strategy und Process-oriented Games (2008, S. 41–44), welche sie auch in späteren Auflagen ihres Werkes *Understanding Video Games: The Essential Introduction* aufrecht erhalten (2016, S. 56–57). Diese übersichtliche Annäherung kann, wie Rauscher feststellt, für eine erste Annäherung an ein Videospielgenre hilfreich sein (2018, S. 349), ist jedoch in Anbetracht mangelnder Adaptionsfähigkeit für die möglichen Genrenuancen des Videospiels – angefangen bei kaum möglicher Berücksichtigung der ‚großen' Kategorie ‚Rollenspiel' oder neuerer Genre-mischender Videospiele – nicht ausreichend. Zudem ist die Grundprämisse der Taxonomie von Egenfeldt-Nielsen, Smith und Tosca zu hinterfragen: Sie schlagen ein Spielmechanik-orientiertes „genre system based on a game's criteria for success" vor, was das Erfassen von Genrehybriden ebenfalls schwierig gestaltet und ganze Kategorien von Titeln, bei denen das Erreichen von Spielzielen nicht im Vordergrund steht, kategorisch ausklammert. Der direkte Vergleich von Wolf mit Egenfeldt-Nielsen, Smith und Tosca zeigt die Bandbreite der Schwierigkeiten auf, die das Vorhaben einer Videospieltaxonomie birgt. Ob breit gefächert oder reduktionistisch, leiden beide Modellentwürfe darunter, der Genrevielseitigkeit des Mediums Videospiel in seiner historischen Entwicklung und seiner intrinsischen Veranlagung zur Genrehybridität nicht gerecht zu werden – und klammern dabei gar die offensichtlichen ästhetischen Qualitäten von Videospielen komplett aus.

Die dargestellten Taxonomien, ebenso wie die Vielzahl an weiteren hier nicht ausführlich erläuterten Modellen, zeigen wie schwierig es ist, sinnige Kategorien im Sinne traditioneller Genrebestimmungen zu fassen. Lee et al. versuchten 2014 etwa, die Komplexität von Videospielgenres über die Parameter Facetten (fundamentale Kategorien) und Foci (indexikalische Unterbegriffe) einzufangen. Gemäß ihrem kombinatorischen System lässt sich die Gattung eines Videospiels adäquat durch eine Label-Auswahl aus 12 Facetten und 358 Foci bestimmen (2014, S. 125). Ihr Modell erlaubt also eine höchst flexible Kombinatorik von Genremarkern, was sowohl die hohe Diversität von Videospielen als auch deren

4.5 Wissenschaft

Potenzial zur Genrekombinatorik einfangen kann. Dennoch bleibt das Modell aufgrund der Fülle an vorgeschlagenen Markern sperrig und unzugänglich für die intersubjektive Kommunikation von Genreempfindungen. Gleichzeitig betonen Lee et al. dass Sie ihre Facetten und Foci noch nicht trennscharf ausdefiniert haben (2014, S. 137), sich das ohnehin schon mächtige Lexikon an Begriffen also noch weiter ausdehnen und als noch sperriger erweisen könnte.

Das Verständnis von Videospielgenres in der Wissenschaft wandelte sich über die Jahre von einem instrumentellen Bewusstsein, über die Wirkweisen und Fachbegriffe anderer Disziplinen hin zu einem reflektiven Bewusstsein seither auf Videospiele angewendeter Genrebegriffe. Die rasante Entwicklung und Heterogenität dieses medialen Feldes, in dem jährlich unzählige Videospiele mit stark unterschiedlichen mechanischen, inhaltlichen Genreproponenten auf den verschiedensten Hardwaresystemen erscheinen, führt Versuche eine endgültige, allumfassende Taxonomie zu erstellen *ad absurdum*. Solche Versuche werden zusehends in der Wissenschaft als unfruchtbar akzeptiert. Immer häufiger gibt es Bemühungen aus einer wissenschaftlichen Perspektive heraus interdisziplinäre Ansätze zu vereinen. Mosqueira argumentiert beipsielsweise, dass ein Genre, verstanden im Sinne eines filmischen oder literarischen Genres, hilft „to bind a game's elements into a cohesive whole ... while at the same time it provides a basic underlying structure and even suggests gameplay mechanics" (Mosqueira in King und Krzywinska 2006, S. 56). Mosqueira betont dabei wohl die narrative Kontextualisierung, setzt sie aber in starken Bezug zu Gameplay und Mechaniken,, denn fiktionaler Kontext „provides answers to key questions such as: the identity of the player-character, what they are trying to do, how they might win or lose, where the action is happening", gibt also den Handlungsmöglichkeiten durch narrative Rahmung Sinn. (King und Krzywinska 2006, S. 55). So wird also die Einstimmung der Spieler*innen auf mechanische Interaktionsmöglichkeiten durch narrative Strukturen in den Mittelpunkt der Analyse gerückt. Ähnlich fasst auch Frans Mäyrä den Wirkradius von Genremarkern unterschiedlicher Repertoires auf, auch wenn er diese weniger ikonografisch, sondern zentral anhand der Spielgeografie auslegt: Genre „[has] to be defined via the quality of environment or interaction rather than iconography or storyline" (2008, S. 86). Damit spricht Mäyrä dennoch von der Untrennbarkeit der einzelnen Genrerepertoires (2008, S. 66). Clearwater liefert auch hier eine konzise Zusammenfassung:

> I would like to be clear: I am not arguing that narrative, setting, or representational elements (iconography, if we want to reduce it to that) are more important than gameplay. In fact, I reject their complete separation. Isolating gameplay from anything else is useful from an analytical standpoint – that is, to break down a

game to its component parts in order to better understand the whole – but we have to remember that it is artificial to do so. Even from the brief examples above, it is evident that the gameplay and other elements (setting, story, characters, theme, tone, etc.) are tethered to form the larger experience of each game. (2011, S. 33)

Im deutschsprachigen Raum finden sich relevante Forschungsergebnisse zum Videospielgenre vornehmlich in den Arbeiten von Benjamin Beil (2012, 2015) und Andreas Rauscher (2018). Mit einem eigenen, am *New Criticism* orientierten Ansatz etablieren sie eigene Vokabelsätze, deren funktionale Anwendung auf die Beschreibung von Transformationen und Prozesshaftigkeit im Feld der Videospielgenres abzielt. 2015 verfolgt Rauscher mit dem Begriff des ‚Mis en Game' ein an die traditionellen Mittel der Filmanalyse angewendetes Konzept. Zur Sprache kommt das Modell in Gänze im Rahmen weiterer Überlegungen zur fiktionsästhetischen Genredimension des Videospiels in Abschn. 5.2. Beil postuliert wiederum Beschreibungen von Genrewandel und Vermischungen (2012, 2015). Er argumentiert, „…dass sich das [Videospiel] (in vielen Fällen) nicht hinreichend über seine Spielelemente beschreiben lässt, sondern es sich um hochgradig hybride mediale Artefakte handelt" (2012). Beil verwendet 2012 den Begriff der Hybridität für die Fusionsrhetorik von Videospielgenres, den er in späteren Arbeiten genauer als Genrekombination, -verschmelzung und -akkumulation ausdifferenziert und erweitert (2015):

- **Genrekombination** (2015, S. 47–50): Davon wird gesprochen, wenn verschiedene Videospiele in einem Videospiel vorkommen und die Genres sequentiell aufeinanderfolgend erfahren werden. Beil selbst listet als Beispiel den Titel *Spore* (Maxis 2008). Das Spiel von Designer Peter Molyneux lässt Spieler*innen die Entwicklung einer organischen Lebensform vom Einzeller bis zum komplexen Wesen nachahmen. Unterschiedliche Entwicklungsstufen werden dabei von unterschiedlichen Spielmechanischen Prinzipien getrieben, die jeweils gängig akzeptierten und bekannten Genrekategorien entsprechen. Ein anderes Beispiel ist die Eröffnungssequenz von *Nier: Automata* (Platinum Games 2017), in der die Spieler*innen zuerst ein japanischen ‚Bullet Hell' Spiel, dann ein dreidimensionales Actionspiel und schließlich auch immer wieder 2D Jump-and-Run Sequenzen meistern müssen. Beil betont für die Genrekombination ausdrücklich die strikt voneinander getrennt stattfindende Rezeption einzelner Genreerfahrungen indem er feststellt: „Hybridisierung im Sinne einer tiefgehenden Verbindung verschiedener Genremerkmale findet … nicht statt" (2015, S. 50).

4.5 Wissenschaft

- **Genreverschmelzung** (2015, S. 50–52): Eine Verschmelzung vereint typische Mechaniken unterschiedlicher Genres, die sich „unmittelbar gegenseitig beinflussen" (2015, S. 52). Als Beispiel nennt Beil den Titel *Borderlands* (Gearbox Software 2009), in dem sich die Avatare Shooter-typisch in First-Person Perspektive mit Feinden auseinandersetzen, gleichwohl aber ihre eigenen Fähigkeiten durch das Verdienen von Erfahrungspunkten verbessern, was wiederum eine klassische Trope von Rollenspielen ist.
- **Genreakkumulation** (2015, S. 52–58): Damit beschreibt Beil die generelle Anhäufung verschiedener Genres in einem Spiel. Typische Beispiele hierfür finden sich in den jüngeren Veröffentlichungen der Spieleentwickler Rockstar zu ihren *Grand Theft Auto,* bzw. *Red Dead Redemption* Serie (letztere seit 2010). In letzterer Serie übernehmen die Spieler*innen Kontrolle über einen Cowboy als Avatar, der im Rahmen der Spielerfahrung nicht nur schießen kann, sondern auch an Pokerspielen oder Pferderennen teilnimmt. Jede dieser Erfahrungen ist durch klare, ausdifferenzierte Spielregeln und -mechaniken gekennzeichnet.

Im Sinne Beils markiert die Erkenntnis zunehmender Hybridität und Akkumulation jedoch eher ein Scheitern als einen wissenschaftlichen Gewinn (2015, S. 57). Mit den wachsenden Tendenzen von Videospielen, sich als Sandboxtitel zu präsentieren, die ihren Spieler*innen immer mehr ausdifferenzierte Genreerfahrungen zur Verfügung stellen wollen, verfallen Videospiele zunehmend dem Trend, alles sein zu wollen, was beschreibbar wäre. Damit ließen sich Videospiele jedoch nur noch bedingt voneinander unterscheiden. Dies soll im Abschn. 5.1.1. deutlich am Fallbeispiel von *Yakuza 6: The Song of Life* besprochen werden.

Der Trend in den Game Studies geht hin zu einer historischen Perspektive auf Videospielgenres. Das Vorhaben, eine geschichtlich beständige Taxonomie der Videospiele erstellen zu wollen, ist kaum realisierbar, sodass das einzelne Videospiel als Momentaufnahme komplexer, historischer Genreentwicklungen somit in den Fokus wissenschaftlicher Interessen rückt. Jonathan Lessard ist, unter der Linse der Historizität, in der Lage die Überkomplexität von Videospielgenres in Hinblick auf ein zeitlich abgestecktes Fenster zu überwinden: „In line with our understanding of genres as historically constructed categories, we have attempted to establish a „genre palette" that would have made sense to North-American computer game players of the early 1980s." (2015, S. 4). Des Weiteren schreibt er über diese geohistorische Momentaufnahme des Videospiels: „It's interesting to note that these categories are quite „gameplay-centric"" (2015, S. 5) und beweist somit, dass die angewandte Gattungstheorie für ebendiesen zeitlichen

Abschnitt wichtige Erkenntnisse in Bezug auf die damalige Interessensgewichtung von Genremarkern ermitteln konnte. Rauscher bietet 2018 ebenfalls einen Ausweg aus der, in ihrem Streben nach Organisation, festgefahrenen Genredebatte durch klare Kontextfestlegung auf die historische Position eines Videospiels an (2018, S. 334). „Für den Umgang mit Genrekonzepten in den Game Studies bedeutet [die] pragmatisch-historische Perspektive", so kann man das Argument nach Rauscher zur Konklusion bringen, „[also] eine verstärkte Konzentration auf die medienspezifischen Besonderheiten und Transferprozesse, sowie die kontinuierlichen Weiterentwicklungen der unterschiedlichen Genreformen" (2018, S. 347) mit wissenschaftlichem Mehrgewinn.

4.6 Kanonisierung

Wenn man über Genres redet, muss auch über das Konzept der Kanonisierung gesprochen werden. Eine Zusammenstellung von Werken, die als besonders relevant, lesens- und sehenswert oder repräsentativ für eine bestimmte Epoche erachtet werden, findet sich in allen Arten von medialer Ausdrucksform. Die Frage, woraus sich diese meist als Klassiker bezeichneten Titel zusammensetzen, welche rezipiert, analysiert und erhalten werden sollen, ist zentral im Formationsprozess eines Kanons. Film-, Literatur- und Theaterwerke werden Kanons einverleibt, wobei zu beachten ist, dass die Erstellung eines Kanons immer eine durchweg normative Handlung ist, welche sich an subjektiven Wahrnehmungen und (Erfahrungs-)Werten orientiert (Rippl und Winko 2013, S. 2). Unabhängig von der Tatsache, dass ein Kanon als normatives Konstrukt stets im kritischen Diskurs unterschiedlicher Interessensgruppen steht, kann man nicht von einer Art global akzeptierten Kanon der Videospiele reden.

Tatsächlich besticht sogar viel mehr die Frage, ob dem Medium Videospiel mit einem Kanon überhaupt dienlich geholfen wäre. Tobias Unterhuber etwa betont, dass Versuche der Kanonisierung des Mediums schon ob „der Diskursivität des Gegenstands fehlschlagen [müssen]" (2020, n.p.). Neben dem bereits diskutierten immensen Veröffentlichungsakkord des Mediums spricht das schier unüberschaubare Potenzial zur Rekombination von Genremustern, wie sie im nachfolgenden Kapitel veranschaulicht wird, prägnant dafür. Nichtsdestotrotz gab es freilich diverse Versuche einer Kanonisierung. Im Bottom-Up Prinzip kamen einige Kanons, insbesondere als Best-of Listen diverser journalistischer Organe zustande, deren individueller Wirkradius jedoch gering war.

Zwei Versuche der Kanonisierung von Videospielen stechen, zumindest als in ihrer Tendenz auf einen globalen Wirkradius ausgelegt, heraus. Bei dem ersten

4.6 Kanonisierung

Versuch handelt es sich um den Game Canon – eine Liste von Videospielen, die der US-Amerikanischen Library of Congress im Jahr 2007 als aufbewahrungswert vorgestellt wurden (Chaplin 2007, n. p.). Er wurde von einem fünf Mitglieder großen Komitee erstellt: Kurator Henry Lowood, Matteo Bittanti, zum damaligen Zeitpunkt Visiting Scholar der Stanford University, dem Joystiq Journalisten Christopher Grant sowie den Spieldesignern Warren Spector und Steve Meretzky. In ihrem ersten gemeinsam erstellten Entwurf umfasste der Kanon die folgenden, zehn Titel: *Spacewar!* (Steve Russell 1962), *Star Raiders* (Atari 1979), *Zork: The Great Underground Empire* (Infocom 1980), *Tetris, SimCity, Super Mario Bros. 3* (Nintendo 1988). *Civilization I* und *Civilization II* (Micro Prose 1991 bzw. 1996), *Doom*, die *Warcraft* Serie (Blizzard Entertainment seit 1994) und *Sensible World of Soccer* (Sensible Software 1994). In der Strukturierung dieser Top-10-Liste kommen erneut die engen Verflechtungen der Medien Film und Videospiel zum Vorschein: Lowoods Kanon zeigt eindeutige Parallelen zum National Film Preservation Board, welches jedes Jahr eine handverlesene Auswahl an Filmen in eine des Library of Congress organisierte Kartei übergibt (Chaplin 2007, n. p.).

Der zweite Versuch einer Kanonisierung ist der Video Game Canon (Videogamecanon.com). Dieser versucht sich, im Gegensatz zum New Yorker Game Canon, an einer empirisch fundierten, auf Computeralgorithmen gestützten Kanon Organisation:

> The Video Game Canon is a statistical meta-analysis of 53 'Best Games' lists that were published between 1995 and 2018. To qualify for inclusion, each list must include at least 50 titles, some form of editorial oversight (lists made up solely of reader polls or fan voting were excluded), and no restrictions on release dates or platforms. After feeding each "Best Games" list into the Video Game Canon machine, the games were ranked against each other using the C-Score, a formula that adds together a game's 'Average Ranking' across all lists with the complementary percentage of its 'Appearance Frequency.' (videogamecanon.com n. d., n. p.)

Der Video Game Canon bietet so eine hierarchische Rangordnung von 1000 Einträgen basierend auf dem C-Score der Titel, der sich aus statistisch erfassten Meta-Daten errechnet. Angeführt wird diese Liste von *Tetris* (Alexei Paschitnow 1984), Rang 1000 wird von *Desktop Tower Defense* (Paul Preece 2007) gehalten.[4]

Beide Ansätze leiden unter den vertrauten, mit der Normativität ihrer Komposition einhergehenden Problemen, welche für den Versuch einer jeden Kanonbildung typisch sind. Zum einen stellt sich die Frage, wer über die Zusammensetzung

---
[4] Stand: 4. März 2019.

eines Kanons bestimmt. Im Falle des Game Canon handelt es sich dabei um einen kleinen Kreis aus fünf Personen, die allesamt in westlichen Denk- und Arbeitstraditionen anzusiedeln sind. Uncharmant wurde das Projekt von Reporter James Ransom-Wiley darum gar als „10 most important video games of all time, as judged by 2 designers, 2 academics, and 1 lowly blogger" bezeichnet, der die Subjektivität des Projektes wohl mit bitter-sarkastischem Zungenschlag, aber deutlich, zum Ausdruck bringt. Diese Subjektivität spielt auch in der öffentlichen Wahrnehmung des Game Canon eine definitive Rolle. Während Titel wie *Sim City* auch heute noch gemeinhin als Genre-begründend gelten, ist *Sensible World of Soccer* mittlerweile kaum noch in Erwähnung, geschweige denn als begründender Vertreter seines Genres genannt. Diese Problematik obliegt der Video Game Canon nicht, wohl aber der Frage nach der Aussagekraft seines Algorithmus: Zwar wird genau erläutert, wie sich der C-Score eines Videospiels zusammensetzt und welche Bestenlisten zur Bildung des C-Score herangezogen werden – warum aber ausgerechnet diese Bestenlisten herangezogen werden, wird jedoch nicht erläutert. In beiden beschriebenen Kanons stellt sich zudem die Frage der Spannbreite. Wirkt die Beschränkung des Game Canon auf 10 Titel viel zu restriktiv (und die Mischung von Einzeltiteln und Spieleserien innerhalb einer Nennung suspekt), bietet die 1000 Titel umfassende Liste des Video Game Canon dagegen keine bedeutsame Übersicht mehr, da die einzelnen Titel unbegründet und ohne Beschreibung ihrer Charakteristika aufgezählt werden. Hierbei muss zudem im Hinterkopf behalten werden, dass selbst diese 1000 Titel des Video Game Canon, in Anbetracht aller jemals veröffentlichten Videospiele, nur einen schwindend kleinen, normativen, wenn auch computerisiert bestimmten Einblick bieten kann. Wenn Videospiele rein nach ihren, auf journalistischer Vorselektion basierenden, Bewertungen in die Liste der Kanons aufgenommen werden, finden zudem Spiele vermeintlich schlechterer Qualität, die jedoch maßgeblich zur Genrevielfalt beigetragen haben, dort weder Platz noch Anerkennung. In keinem der beiden Kanons wird beispielsweise *Dear Esther* (The Chinese Room 2012) gelistet, obwohl der Titel als Genre-begründend für Walking Simulator Spiele gesehen werden kann. Letzten Endes sind es zumeist Außenseiterperspektiven, die in Kanon-Systematisierungen häufig untergehen – in Bezug auf diese vornehmlich westlich orientierten Kanons sei damit ausdrücklich die kulturelle Produktion nicht-westlicher Videospielentwickler gemeint. Titel wie zum Beispiel *Never Alone* (Upper One Games 2014), welche aus der Inuit-Kultur heraus produziert werden und damit einen wichtigen Beitrag zur kulturellen Repräsentation über Spielmechanische Genres bieten, finden hier keinen Platz.

4.7 Zusammenfassung

Im Videospieldesign dienen Genres als Leitfaden für Entwickler. Aus dem Interesse heraus das eigene Arbeitsfeld strukturieren zu wollen entwickelten sich so auch die ersten verschriftlichten Genretaxonomien. Videospielgenres wurden dabei primär zunächst als mechanische Strukturen ausdefiniert. Erst über das heranreifen des Berufsfeldes entwickelten sich auch narrativ orientierte Genreverständnisse unter den Designern. Durch die zunehmende Ausdifferenzierung des Feldes ergibt sich ein heterogenes Feld an Grundlagenwissen, dass sich an den Zielsetzungen eines Arbeitsprojektes orientieren lässt. Jüngere Designratgeber stellen zudem den Erfahrungshorizont des Videospiels als die zentrale Designprämisse dar und definieren diese klar als Mischung von mechanischen und fiktionalen Elementen, die für einen idealen Effekt auf die Spieler*innen in Harmonie stehen sollten.

In der Vermarktung Videospielen sind Genres als Label relevant, um Zielgruppen effektiv zu erreichen. Einerseits wird dabei auf möglichst breite Oberkategorien wie ‚Action' oder ‚Rollenspiel' zurückgegriffen, um ein großes Zielpublikum anzusprechen. Andererseits werden Genrebegriffe auch in sehr spezifischer Manier verwendet, oftmals um an den Erfolg einzelner Spieleserien oder populärer Subgenres zu appellieren. Spezifische Genrekonzepte spielen zudem im gegenderten Marketing eine Rolle. Die Marketingverwendung von Genres ist daher für die demografische Untersuchung Spiele-Communities interessant, es darf jedoch nicht vergessen werden, dass Trendlabels und Zielgruppensetzungen oft essentialistischen Strategien unterliegen, welche Genres im Rahmen der eigenen, gewinnorientierten Ordnung uminterpretieren.

Im Journalismus ist es gängig, dass Redaktionen und einzelne Berichterstatter unabhängige Genretaxonomien verwenden. Diese können deckungsgleich sein, orientieren sich in ihrer spezifischen Gestaltung jedoch vornehmlich an den Interessen der eigenen Leserschaft. Egal ob im deutsch- oder englischsprachigen Raum und sowohl im Print als auch im Onlinecomputerspieljournalismus zwei wiederkehrende Tendenzen: Einmal orientieren sich journalistische Organe in der Festlegung ihrer Genres nicht nur an ihren Zielgruppen, sondern auch an aktuellen Marketingtrends. Des Weiteren findet an vielen Orten der Berichterstattung ein Wandel von klassischen inhaltlichen Taxonomien hin zu rein hardwareorientierten Kategorien statt. Neue journalistische Trends wie Videospiel-Streamer verzichten häufig komplett auf die Genreeinteilung eines Videospiels und betonen im Hinblick ihrer Zuschauerschaft eher die formelle Gestaltung ihrer Berichterstattung.

Im pädagogischen Bereich spielt die Orientierung an Lehrzielen eine entscheidende Rolle in der Suche, Auswahl, und Verwendung von Videospielgenres.

Genrekonzepte aus anderen Diskursfeldern werden aufgegriffen um Videospiele interessensorientiert zu sortieren, zu selektieren und entsprechend von Bildungsrelevanten zielen umdefiniert. Je nach Pädagogischen stehen hierbei mechanische (weil Problembearbeitungsorientierte) oder narrative (weil Lösungssinnstiftende) Genremerkmale im Fokus. Daneben spielen relevante Faktoren der Unterrichtsgestaltung wie die Zeit, die man für den effektiven didaktischen Umgang mit einem spezifischen Spiel benötigt oder die inhaltliche Konsistenz eines Videospiels, die allen Schülern den gleichen Zugang zu einem Spiel garantiert, eine wichtige Rolle in der Genrewahl.

Der wissenschaftliche Diskurs im Videospielgenre begann konflikthaft und Taxonomie-fokussiert. Neben der Grundlagendebatte ‚Ludologie gegen Narratologie' um die Verortung der Mediengattung des Videospiels, gab es diverse Versuche der Genreverortung, die sich oftmals implizit oder explizit der Mechanik oder der narrativen Ausgestaltung (und damit einem der Disziplinfelder) verschrieben haben. Generelles Problem aller Taxonomien des Videospiels ist die kreative Diversität des Mediums, in der sich Genres vermengen oder in großer Vielfalt in Erscheinung treten können neue Ansätze befassen sich daher vornehmlich mit den für Videospiele charakteristischen interaktivitätsbedingten Möglichkeiten der Genregestaltung.

Von einem gängig wahrgenommenen Videospielkanon kann derweil noch keine Rede sein. Aus der Masse an Rankinglisten diverser wirtschaftlicher, journalistischer und wissenschaftlicher Ursprünge heraus ergeben sich immer wieder Versuche einer Bestimmung der relevantesten Videospiele, denen es jedoch an Wirkkraft mangelt. Zwei Versuche der Kanonbildung, der elitär organisierte Game Canon und der empirisch-algorithmisch bestimmte Video Game Canon, heben sich bekannter aus der Masse hervor. Beide unterstreichen jedoch, dass die Kanonbildung auch im Bereich der Videospiele an den typischen normativen Problemen des Kanongedankens krankt.

Transformation in drei Genredimensionen

5

> **Zusammenfassung**
>
> Kap. 5 beschert eine Übersicht der für Videospiele relevanten Genreattribute und transformiert diese in die titelgebenden Genredimensionen. Die dazugehörigen Unterkapitel widmen sich jeweils einer dieser Dimensionen: Zunächst fällt der Blick auf die Systemmechanik, dann auf die Fiktionsästhetik und zum Schluss auf das Sozioritual. Es muss betont werden, dass dieser Reihenfolge keine Wertung innewohnt. In jedem Kapitel wird ein zentrales Fallbeispiel diskutiert, welches verständlich macht, wie sich eine Genredimension im Rahmen eines Videospiels verstehen lässt. Das jeweils gewählte Beispiel soll zum einen die Dimensions-Proportionen auf besonders vielfältige Weise zur Geltung bringen und zum anderen verdeutlichen, wie die Dimensionen durch die Komplexität des Videospiels herausgefordert werden. Unausweichlich mündet jedes Analysebeispiel einer Genredimension in relevante Querverweise auf die beiden anderen Dimensionen. Den Abschluss jedes Kapitels bildet darum ein Vermerk darauf, welche Faktoren das Verständnis unterschiedlicher Genremarker in einem Videospiel beeinflussen und wie die zunächst einzeln verstandenen Dimensionen ineinander übergreifen.

Videospielgenres werden von einer beachtlichen Anzahl unterschiedlicher Branchen, ihrem eigentümlichen Jargon und deren oft nicht trennscharf verwendeten Begriffen diskutiert. Diese diffuse Anhäufung von Attributen, Labels und Über- und Subkategorien exemplifiziert, dass Genres auch im Bereich der Videospiele als Verständnisebene der Metakommunikation dienen (Frow 2015, S. 133): Spieler*innen nähern sich einem Spiel in Erwartung einer Genre-Erfahrung, die sie aufgrund bestimmter Anhaltspunkte vermuten – beispielsweise gefüttert durch Reviews, Trailer-Videos –, und reflektieren diese Erwartungshaltung dann im

Rahmen der tatsächlichen Erfahrung, die sie während der Interaktion mit dem Artefakt machen. Im Falle von Videospielen können diese Erwartungen jedoch den unterschiedlichsten Feldern von Attributen entspringen. Peter Scheinpflug nennt beispielsweise (2014, S. 75):

Perspektive: Wie sehen wir den Avatar unseres Spiels – oder sehen wir die Spielwelt sogar aus First-Person Sicht, aus den Augen des Avatars?

Avatar-Bewegung: Wie schnell oder langsam, chaotisch oder koordiniert lässt sich der Avatar bewegen?

Sujet: Mit welchen inhaltlichen und ästhetischen Tropen und Thematiken beschäftigt sich das Videospiel?

Spielziel: Wie soll das Videospiel gemäß seiner Regeln abgeschlossen werden – und ist ein konkludierender Endzustand überhaupt vorgesehen oder möglich?

Spielerzahl: Handelt es sich um ein Einzel- oder ein Mehrspielerspiel?

Diese und andere Attribute wurden bereits in der Diskussion über Genrediskursfelder erwähnt. Teils wurden sie prominent betont, teils waren sie nebensächlich, doch immer neigten sie dazu, kritisch hinterfragt werden zu müssen – etwa in der Frage, ob ein Spielziel ausschlaggebend für eine Genrekategorie sein kann, oder in der Frage nach der Hierarchisierung unterschiedlicher Blickwinkel, wie sie Scheinpflug erwähnt hat. Auch in ihrer Beständigkeit müssen sie kritisch hinterfragt werden: wie Espen Aarseth am Beispiel von *Halo* (Bungie 2001) beschreibt, können Attribute wie die Avatar-Bewegung oder die Perspektive im Verlauf eines einzigen Spiels durchaus wechseln (Backe 2008, S. 50 nach Aarseth 2004b), ohne sich dabei ganzheitlich von der eigentlichen Genreerfahrung zu entfernen. Die reine Menge an möglichen Attributen führt im Falle des Videospiels schnell zu einer Überspezifizierung, welche jede Art der Gattungsordnung schnell *ad absurdum* führt. „Jedes taxonomische Projekt," so Nohr und Neitzel, „gerät [...] irgendwann an den Punkt, jedem distinkten Objekt seine eigene Klasse zuzuordnen" (2010, S. 422). Letzten Endes erlebten wir sie als kritische Masse: Versucht man im Anschluss an die Diskurse alle notwendigen Attribute zur Beschreibung eines Videospielgenres zu sammeln, folgt schnell die Feststellung, dass es für Videospiele „too many, arbitrary, incompatible or overlapping" Kritierien gibt (Aarseth et al. 2003, S. 48).

Im Folgenden konsolidiere ich, in Bezug auf den im dispositiven *objet ambigu* erkannten Nutzen, das Amalgam von Genremyriaden um Videospiele in drei von

5 Transformation in drei Genredimensionen

selektivem Wandel und subjektiver Wahrnehmung geprägten Genredimensionen. Die Dimensionen sind breit ausgelegt, wie es schon oft bei den Genrebegriffen gemacht wurde, gleichwertig in ihrer Hierarchie und immer als möglicher Verständnisraum der Gesamterfahrung – sie wirken immer gemeinsam prägend für die Erfahrung der Spieler*innen. Im Sinne des Gros bisheriger Genreüberlegungen, welche die „phenomenological, pragmatic deployment of actions through the gameplay experience", die in ihrem Kern „partly functional and partly aesthetic" (Arsenault 2009, S. 171) sind, betonen, erfolgt in meiner Überlegung die erste vertraute Ausdifferenzierung von Videospielgenres: Sie können grob als ‚mechanisch' und ‚ästhetisch' erfasst werden. Den häufig in der Spiele-Entwicklung und den Game Studies genutzten Begriff der ‚Mechanik' ergänze ich zur Formierung einer Genredimension durch das Präfix ‚System' zur Systemmechanik. Die mechanischen Proponenten eines Videospiels müssen nämlich im Rahmen ihres prozeduralen, dennoch aber finiten Ganzen gesehen werden. Die von Scheinpflug als Repertoire bezeichneten inhaltlichen Eigenheiten eines Videospiels überführe ich in den Begriff der Fiktionsästhetik und umfasse so nicht nur narrative Dramaturgien, sondern auch deren audiovisuelle Ausgestaltung.

Die vorher genannten Über-Kategorien ergänze ich um eine entscheidende neue Dimension: den Sozioritus. Elemente des Sozialen waren in den Genre-Überlegungen des Videospiels zwar präsent, jedoch in erster Linie nur auf einer Netzwerk-kommunikativen Verständnisebene. In der Bestimmung von Spielgenres hat das Verständnis davon, wie Spieler*innen ihre Spielerfahrung untereinander beeinflussen, eine vergleichsweise mindere Bedeutung zugemessen bekommen. Dass soziales Verhalten in Genres kategorisierbar ist und auf unsere Wahrnehmung von Genres Einfluss hat, muss unbedingt in den Debatten um Videospielgenres berücksichtigt werden. In diesem interaktiven Medium können Spieler*innen durch ihr persönliches Verständnis der Spielewelt, ihrer Mechanik und der psychologischen Reflexionsprozesse, die sie zum Verständnis und zu einem bestimmtem Verhalten inspirieren, sowie durch ihre Verhaltensperformance das Genre eines Videospiels, spielerisch verändern und beeinflussen.

Die Feststellung dieser spielerischen Veränderung ist, neben der Einführung des Sozioritus, der wichtigste Beitrag des Drei-Dimensionen-Ansatzes zur Gattungsdebatte des Videospiels, der hier verfolgt wird: Sie verweist auf die ambige Fluktuation von Genremarkern im Videospiel. Der intrinsische Wandel von Genres steht im Fokus der zeitgenössischen Gattungsforschung, ebenso wie die Wandelbarkeit des Mediums Videospiel in den Game Studies als elementar festgehalten wurde. Weil unterschiedliche Genresysteme miteinander in Interaktion stehen und Spieler*innen durch ihr handlungswirksames Eingreifen konstanten

Wandel im Videospiel provozieren, müssen Genres im Videospiel als transformatives Dispositiv verstanden und hinterfragt werden. Der Blick auf das Genre eines Videospiels muss ein Blick auf dessen spielergetriebene Transformation, Mutation und Hybridisierung sein.

An dieser Stelle muss darum darauf hingewiesen werden, dass das nachfolgende Angebot zur Analyse von Genres auf Grund eben dieser widerspenstigen Natur nicht passgenau in den Abschn. 5.1 bis 5.3, welche sich respektiv mit individuellen Genredimensionen befassen, wiedergegeben werden kann. Egal wie man seine einzelnen Charakterzüge gliedert, ob ihrer stetigen gegenseitigen Bezugnahme lassen sie sich nicht klar als statische Abfolge abhandeln. Ich orientiere mich darum in der folgenden Gliederung sowohl an einer ordentlich-stringenten Struktur als auch an einem dynamischen Transformationsprozess. Die Systemmechanik eröffnet so den Einstieg in die Darstellung der Genredimensionen des Videospiels als Facettenkatalog – was über ein Fallbeispiel erläutert wird. Anhand dessen wird jedoch auch deutlich, dass die Logik des Facettenkatalogs auf alle Genredimensionen anwendbar ist – und somit wiederum auch für die erst darauffolgend erläuterte Dimension der Fiktionsästhetik gilt. An einem zweiten Beispiel wird gezeigt, wie die Fiktionsästhetik eines Videospiels genrehybrid sein kann – aber auch, wie die Genredimensionen Fiktionsästhetik und Systemmechanik in ihrer Wirkung hybrid sind – und welche Rolle Spieler*innen dabei übernehmen. Dies dient gleichzeitig als Überleitung zur Beschreibung der dritten Genredimension: des sozialen Ritus. Es wird erklärt, wie Spieler*innen durch ihr Verhalten Genrefacetten gestalten und so auch die anderen beiden Genredimensionen hervorheben, abschwächen, ignorieren oder manipulieren können. Wichtig dabei ist, dass jede Logik des Wandels in allen Genredimensionen erkennbar ist, auch wenn man sie nur linear nacheinander festhalten kann.

5.1 Systemmechanik als Genredimension

Immer wieder werden primär die mechanischen Elemente eines Videospiels als maßgebender Standard für die Bestimmung seines Genres genannt. Aufgrund dieses starken Fokus wird hier der Begriff der Systemmechanik als eine der drei bestimmenden Genredimensionen verankert. Basal kann man behaupten, dass sie das WIE eines Videospielgenres bestimmt: Sie legt fest, wie man mit einem Videospiel interagieren kann, wie das Spektrum möglicher struktureller Verläufe beschreibbar ist und wie die formal-technischen Grenzen eines Videospiels gesetzt

5.1 Systemmechanik als Genredimension

sind. Die mechanischen Elemente des Videospiels bestimmen den formalen Rahmen des Systems Videospiel. Unter dem Begriff lassen sich darum die folgenden Felder von Attributen zusammenfassen:

Grundlegend muss verstanden werden, dass sich die mechanischen Eigenheiten des Videospiels innerhalb eines dynamischen Systemrahmens zutragen, welcher als statisch, aber ergodisch, verstanden werden muss. Statisch ist er, weil er von technischen, programmierlogischen Komponenten bestimmt wird. Aufgrund der deterministischen Natur eines Computerprogramms ist in einem Videospiel keine Art von Input möglich, die nicht innerhalb seines Codes, ausgelegt auf spezifische Rahmenbedingungen der Hardware, und im Vorfeld von den Designern festgelegt wurde. Dieser Code kann nicht überschritten werden.[1] Gleichzeitig bestimmt dieser Rahmen jedoch die immens prozedurale Natur eines Videospiels. Damit ist gemeint, dass die Bestandteile eines Videospiels durch das Einwirken der Spieler*innen kombinatorisch in Resonanz gebracht werden können. Veranschaulicht werden kann dies am Beispiel des Casual Titels *Plants vs. Zombies* (George Fan 2009), in dem Spieler*innen verschiedene Pflanzen zur Abwehr untoter Monster in einem Garten setzen müssen: Es gibt, ähnlich einem Brettspiel, eine festgelegte Anzahl von Feldern und Figuren, die nur nach einem genau bestimmten Muster gesetzt werden können und die ein fest reguliertes Spielfeld beachten müssen. So dürfen (und können) Pflanzen beispielsweise nicht außerhalb eines markierten Bereiches gesetzt werden. Dennoch ergibt sich aus diesem Gerüst eine beinahe unendliche, dennoch deterministisch eingeschränkte Summe an möglichen Aktionen in einem Spielgeschehen. Einen nicht definierbaren Zustand innerhalb des Systems gibt es trotz der schier unendlichen Möglichkeiten nicht. Die Systemmechanik beschreibt also die Rahmenbedingungen des interaktiven Dispositivraums.

Die Art und Weise, wie Spieler*innen mit diesem ausformulierten System interagieren können, wird durch seine Regeln bestimmt. Diese können gemäß Salen und Zimmerman in die Kategorien ‚Operational' und ‚Constituative' unterteilt werden (2004, S. 130).[2] Operational sind Regeln, die den Spieler*innen transparent kommuniziert werden und die damit maßgeblich deren Entscheidungen beeinflussen. So werden Spieler*innen von *Super Mario World* (Nintendo 1990) zu Beginn eines Levels klar über das HUD, durch einen herunterzählenden Timer, davon in Kenntnis gesetzt, dass sie nur begrenzt Zeit haben, um das Level

---

[1] Der Mikrokosmos der Modding Subkultur, der mit dieser Regel kategorisch bricht, findet in Kap. 7 Erwähnung.
[2] Die impliziten Regeln, die nach Salen und Zimmerman (2004, S. 130) eher die Bedeutung sozialen Verhaltens und Fairness haben, spielen hier noch keine weitere Rolle.

zu durchlaufen. Constituative Regeln sind, so Salen und Zimmerman, Regeln ‚im Hintergrund' eines Spielsystems (2004, S. 130). Hierzu zählen mathematische Berechnungen, die im Code eines Videospiels verankert sind – etwa die prozentuale Wahrscheinlichkeit einen besonders seltenen Gegenstand von einer besiegten feindlichen Kreatur in *Diablo* (Blizzard Entertainment 1996) zu erhalten. Mit dem Begriff der Mechanik eines Videospiels beschreibt man dann die Umsetzung dieser regelgegebenen Möglichkeiten der Interaktion auf intradiegetischer Ebene. Wenn eine Spielfigur wie Lara Croft in *Tomb Raider* (Core Design 1996) unter anderem rennen, springen, schießen, Kisten verschieben, Schalter betätigen und schwimmen kann, sind das alles Bestandteile des mechanischen Repertoires des Avatars. Spielt eine dieser Mechaniken eine besonders prominente Rolle im Verlauf eines Videospiels, spricht man von einer Kernmechanik (oder Core Mechanic):

> Understanding core mechanics as those that describe the actions a player repeatedly performs is a useful formalism, but it falls short in precision. Players often perform play activities again and again in a game without using so called core mechanics. Jumping, for instance, is extensively used in multiplayer First Person Shooters, where almost all players spend some time "hopping" around – as a humorous display or for entertainment. (Sicart 2008, n. p.)

Für *Tomb Raider*, das von Geschicklichkeit und Reaktionsvermögen fordernden Spielpassagen geprägt ist, wäre Lara Crofts Fähigkeit zu springen demnach eine Kernmechanik. Sicart betont in seiner Überlegung zudem die Bedeutung der Kernmechanik als "repeated performance" innerhalb des systemisch-formalen Rahmens eines Spiels (2008, n. p.). Das dynamische Empfinden von Regeln und Mechaniken schließlich wird als das Gameplay eines Videospiels bezeichnet. Aufgrund der nur subjektiv eruierbaren Wirkung einer Spielerfahrung wird das Gameplay häufig nur schwammig umrissen – etwa im Sinne von Egenfeldt-Nielsen, Smith und Tosca, die es profan als „,how it feels to play a game'" (2016, S. 127) definieren und sich damit insbesondere auf die Dynamik zwischen Regeln und deren Umsetzung in einer virtuellen Geographie beziehen (2016, S. 127f.).

Der Blick auf die Systemmechanik ermahnt zum proceduralen Verständnis des Videospiels. Procedural Literacy (Bogost 2005), also die Fähigkeit, computerisierte Systeme effektiv zu deuten ist eine wichtige Qualität in der Analyse der systemmechanischen Dimension. Sie lenkt den Blick auf Sinnzusammenhänge von Regeln, Mechaniken und Dynamiken hin zu einem holistischen Blick auf die Aussage, man möchte sagen den intendierten Effekt von Videospielen. Die

5.1 Systemmechanik als Genredimension

Abb. 5.1 Spielszene aus *Yakuza 6: The Song of Life* (Sega 2018. Eigener Screenshot)

Systemmechanik eines Genres zu verstehen, bedeutet also nicht nur seine einzelnen Komponenten zu begreifen, sondern auch ein Auge für die Pluralität und Sequenzialität dieser Komponenten beizubehalten.

5.1.1 Fallbeispiel: Yakuza 6: The Song of Life

Bewusst vermarktet das Entwicklerstudio Sega den großen Abschluss der Haupthandlung seiner 20 Titel umfassenden Spieleserie[3] über den Aufstieg, das Leben und den Ruhestand des Verbrecherkartellmitglieds Kiryu Kazuma trefflich als Teil einer „Yakuza Experience" (yakuza.sega.com/yakuza6). Das finale Kapitel von Kiryus bewegter Biografie bietet – neben einer pompös inszenierten Handlung – auch einen detailverliebten Einblick in die japanische Lebensrealität des Protagonisten. Guardian-Redakteur Chris Schilling ordnet das Spiel darum auch nicht einfach dem Action-Genre zu, sondern nennt es ‚Gangster Life Simulator': „Yakuza doesn't deal in constant urgency. Instead, there is a time and place for everything, even if that's just pointedly doing nothing. You can take a break and not be punished … [to] stop and look around" (2018, n. p.).

Abb. 5.1 zeigt eine typische Spielszene aus der sich bereits erkennen lässt,

---

[3] Stand 2018. Die Zählung enthält Remakes und Spin-Offs.

dass *Yakuza 6: The Song of Life* zentral zwei unterschiedliche mechanische Spielgenres miteinander in Resonanz bringt. Zum einen erkennt man das sogenannte Beat-em'-Up, welches eine Systemmechanik umschreibt, in der Martial Arts oder der generelle Nahkampf im Mittelpunkt stehen. Der Avatar Kiryu (Mitte, zum Tritt ansetzend) ist hier aus der Third-Person Perspektive im Kampf mit Feinden zu sehen, der jedoch – auch typisch für das Genre – nicht in einem sportlichen Rahmen, sondern als Straßenkampf ausgetragen wird. Die Regeln des Kampfes beschränken sich darauf, die Lebenspunkte der Gegner, abzulesen an den Balken über ihren Köpfen, auf null zu reduzieren. Mechanisch geschieht dies durch das entsprechende Abrufen von Kampfaktionen über Tasten (Treten, Schlagen, Blocken, Greifen), welche zur jeweils passenden Situation ausgewählt werden müssen und den Spieler*innen so ein schnelles, Reaktionsvermögen erforderndes Gameplay abverlangen. Zum anderen ist die Genretradition des Rollenspiels in der dargestellten Spielszene präsent. Namensgebend beschäftigen sich Rollenspiele damit, die Identität einer Figur in einer fiktiven, regelbasierten Welt einzunehmen. Im Falle von Videospielen inkludiert dies die systemischen Aspekte des Charaktermanagements und der -entwicklung (Schallegger 2018, S. 71). Kyriu hat verschiedene Attribute, die seine Fähigkeiten bestimmen: Muscles, Agility, Guts, Technique und Charm. Innerhalb dieser Fähigkeitsbereiche sammelt Kiryu durch die Interaktion mit der Welt – von der Einnahme von Nahrung über das Erfüllen von Aufgaben bis hin zum Gewinnen von Kämpfen – Erfahrungspunkte. Diese können dann von Spieler*innen investiert werden, um Fähigkeiten der Figur zu verbessern. So können beispielsweise Kiryus Dialogoptionen im Gespräch mit Nichtspielercharakteren ausgebaut, aber auch seine Kampfeigenschaften optimiert werden – unter anderem seine Lebenspunkte oder Schlagkraft. Die für das Rollenspiel typischen Aufgaben des Charaktermanagements werden also dem Ausbau der Fähigkeiten gewidmet, die man mechanisch in Passagen des Kampfspiels umsetzen kann. Rollenspiel und Beat-em'-Up stehen deshalb in *Yakuza 6: The Song of Life* in direkter Beziehung.

Die konfliktorientierte Rahmenhandlung ist jedoch nicht mit der ‚Yakuza Experience' gleich zu setzen, denn in der Systemmechanik von *Yakuza 6: The Song of Life* kommen im Verlauf des Spiels immer wieder andere ludische Genres zum Vorschein. Die Hauptgeschichte führt Spieler*innen an zwei unterschiedliche Schauplätze: den Küstenort Onomichi und das Tokioter Stadtviertel Kamarucho, welche in Open-World-Manier erkundet werden. Ohne zeitlichen Druck ist es den möglich, die Seitenstraßen, Marktpassagen, Gebäude und offenen Plätze der beiden Geografien teils mehr, teils weniger reguliert begehen zu können. In beiden Schauplätzen vereint *Yakuza 6: The Song of Life* unzählige Systemmechaniken

5.1 Systemmechanik als Genredimension

zu einer umfangreichen Collage spielerischer Simulationen eines manchmal mondänen, manchmal außergewöhnlichen Lebensalltags. Beide Geografien sind von einer lebensnahen Belebtheit geprägt, welche die Spieler*innen immersiv in einen japanischen kulturellen Lebensraum versetzen möchten. Sie sind

> packed out with plentiful distractions. You can eat and drink in bars and restaurants, try your hand at spear fishing or managing a baseball team, play classic Sega games Out Run, Space Harrier and Virtua Fighter 5 at the local arcade, or assemble a clan of fighters, directing them into street battles against rival gangs. (Schilling 2018, n. p.)

Während seines Aufenthalts in Onomichi wird Kiryu zum Beispiel ungewollt Trainer einer lokalen Baseballmannschaft und muss, bevor die eigentliche Hauptaufgabe des Spiels fortgesetzt werden kann, mindestens ein Match mit der Mannschaft bestreiten (Abb. 5.2).

Der Beginn des Baseballspiels wirft die Spieler*innen heraus aus der fotorealistisch-intendierten Ansicht des regulären Spiels und hinein in eine karikierte Strategieansicht. Auch das HUD verändert sich zu einer Anlehnung an Managerspiele und zeigt die Aufstellung zweier konkurrierender Baseballmannschaften, den Spielstand sowie die statistische Aufbereitung und sportlichen

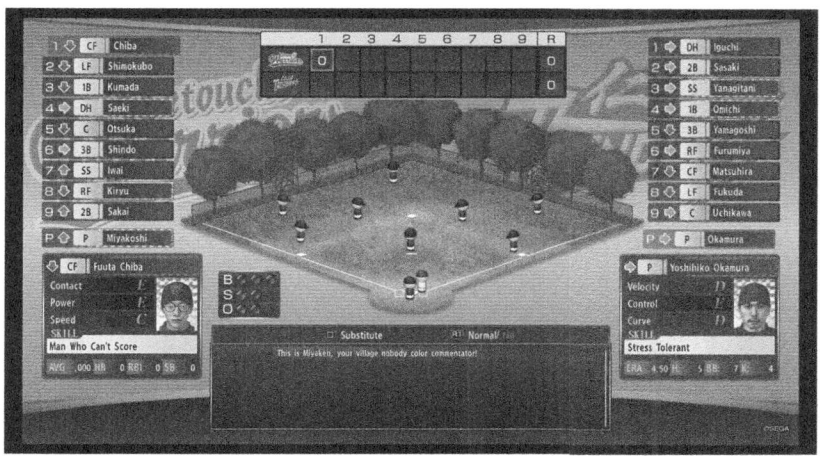

Abb. 5.2 Baseball-Management in *Yakuza 6: The Song of Life* (Sega 2018. Eigener Screenshot)

Fähigkeiten der gerade aktiv agierenden Spielfiguren. In der Mitte sehen wir eine isometrische Karte, die über die Feldpositionen und Bewegung der einzelnen Baseballspieler informiert (siehe Abb. 5.2). Hier kann nur selektiv ins Geschehen eingegriffen werden, etwa um Feldspieler die Position wechseln zu lassen. Die Art der Interaktion begeht einen krassen Bruch zum Spielgeschehen des restlichen Spiels. Auch wenn diese erste Baseball-Episode des Spiels immer mit einem Handgemenge auf dem Spielfeld endet und die Spieler*innen/Kiryu so unsanft vom abgekapselten Geschehen wieder auf die zuvor erlernten Regel-Mechanik-Dynamik-Routinen des Spiels zurückführt, verdeutlicht sie die bezeichnende systemmechanische Vielfalt von *Yakuza 6: The Song of Life*.

Daneben existieren unzählige andere spielmechanische Nischen innerhalb des systemischen Rahmens, die sich an den Regeln und spielmechanischen Traditionen anderer Genres bedienen. So ist es etwa den Spieler*innen frei überlassen, mit ihrem Avatar Kiryu im Tokyoter Stadtteil Karamocho eine Karaokebar zu besuchen (Abb. 5.3).

Diese Spielszene bleibt optisch näher an der intendiert fotorealistischen Spielwelt von *Yakuza 6: The Song of Life* (Abb. 5.4). Die Kamera bleibt als Third-Person Perspektive bei Kiryu, ist jedoch mit Einsetzen des Liedes nicht mehr für die Spieler*innen steuerbar und setzt den Protagonisten mit einer Videoclip-Ästhetik in Szene. Auch das altbewährte HUD verschwindet und wird, wie schon

Abb. 5.3 Karaoke in *Yakuza 6: The Song of Life* (Sega 2018. Eigener Screenshot)

5.1 Systemmechanik als Genredimension

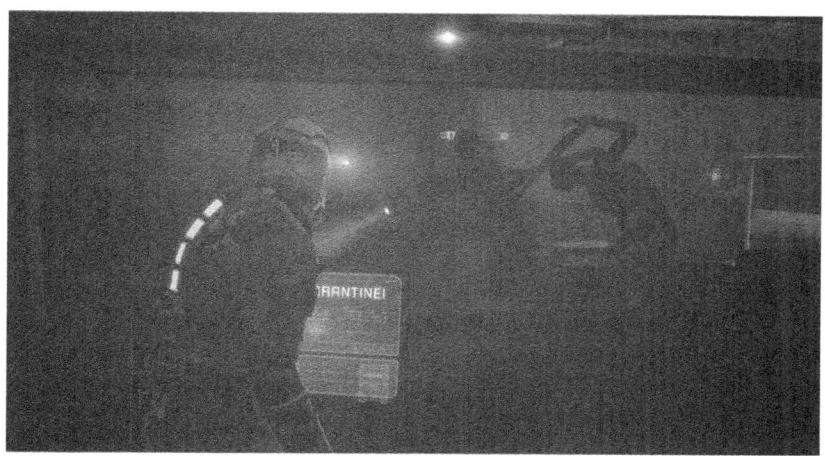

Abb. 5.4 Spielszene aus *Dead Space* (Visceral Games 2013. Eigener Screenshot)

im Falle des Baseballspiels, von einer Displayanzeige ersetzt, die typisch ist für ein anderes mechanisches Genre: In der Gesangskabine übernimmt das Spiel die Konventionen typischer Rhythmusspiele. Das HUD imitiert ein Musiknotenblatt, auf dem einzelne Töne durch die Button-Symbole des Controllers dargestellt werden. Im Takt der Melodie fahren die Symbole von rechts nach links über das Notenblatt und bieten so Input-Eingaben: je exakter die Tasten passend zum Takt des Liedes gedrückt oder gehalten werden, desto mehr Punkte gibt es für die erbrachte Leistung. Dazu bietet der Spielmodus den Liedtext in japanischen und lateinischen Lettern zum Mitsingen an, was den mechanischen Eindruck einer Karaoke-Anlage unterstreicht und dadurch immersionsfördernd wirken kann.

Unzählige weitere mechanische Angebote erfüllen so die virtuelle Geografie des Spiels. Durch den Avatar können Spieler*innen an einer Harpunenjagd unter Wasser teilnehmen, welche im Stil eines Rail-Shooters abgehandelt wird, oder ein Fitnesscenter besuchen und über die Eingabe der richtigen Tastenkombinationen ihren Körper trainieren. Selbst die Nahrungsaufnahme ist ludisch simuliert. Begibt sich Kiryu in ein Restaurant, erhält er nicht nur Erfahrungspunkte für die Speisen, die er zu sich nimmt, sondern gar Bonus-Erfahrungspunkte für besonders sinnvoll zusammengestellte Menüs. Hält Kiryu sich gar an den Ernährungsvorschlag seines Fitnesstrainers aus dem zuvor erwähnten Minispiel, gibt es noch mehr Punkte zur Verbesserung des Avatars. *Yakuza 6: The Song of Life* kann in dieser beachtlichen spielmechanischen Fülle gar als Metapher der japanischen Lebensweise interpretiert werden: Sämtliche prägenden Handlungsabläufe werden als bedeutungsvolle Rituale abgehandelt, die ihren eigenen Regeln, Mechaniken und Dynamiken folgen (vgl. Martinez und Van Bremen 1995; Hendry und Raveri 2005).

5.1.2 Videospiel-Genredimensionen als Facettenkatalog

Yakuza 6: The Song of Life bietet ein Spielerlebnis, welches eine umfangreiche virtuelle Geografie simuliert, die von unzähligen Genreeinflüssen durchzogen ist. Titel wie dieser werden oft als Sandbox Game bezeichnet. Sie bieten wohl oft ein finales Spielziel, das erreicht werden muss, um das Spiel erfolgreich zu beenden, stellen jedoch im gleichen Atemzug durch ein breitgefächertes Angebot simulatorischer Inhalte einen virtuellen Abenteuerspielplatz der unterschiedlichsten ludischen Sinneinheiten dar, der im Falle dieses Titels auch nach Erfüllung der Haupthandlung nahezu unlimitiert erforscht werden kann.

Das aufgezeigte Sammelsurium an Genres legt nahe, dass sich Videospiele als Facettenkataloge von Genres beschreiben lassen. Die Idee des Facettenkatalogs lässt sich als umfangreiches Archiv einzelner Bestandteile auffassen, welche unabhängig voneinander abgerufen, in Sequenz gesetzt oder zum gemeinsamen Effekt kombiniert werden können. Ein Videospiel kann so programmiert werden, dass es determiniert viele mechanische Genres und ihre Facetten umfasst. Zu deren Beschreibung wird erneut die Bedeutung von Beils definitorischem Zugang zur Idee hybrider, paralleler oder akkumulierter Genres im Videospiel nützlich. In *Yakuza 6: The Song of Life* lässt sich unter der Linse des Facettenkataloges etwa die besondere **spielgeografische Limitierung** systemmechanischer Genres hervorheben: Manche Arten der Interaktion gibt es nur in Tokyo, andere nur in Onomichi. Des Weiteren bestimmen auch **prozedurale Limitierung** den Facettenkatalog von *Yakuza 6: The Song of Life*. Manche spielmechanischen Genres sind Teil des Hauptverlaufes des Spiels, während andere nur außerhalb des Main Plots in Phasen der freien Erkundung gefunden und erfahren werden können – wie Kiryus Karaokeeinlage. Letztere unterstreicht erneut den immensen Einfluss des Handelns der Spieler*innen auf die Genreerfahrung. Bewusst können Facetten von der Einwirkung auf die individuelle Spielerfahrung ausgeschlossen werden.

Nichtsdestotrotz bleibt ein spielcharakteristisches, mechanisches Genre zentral in der Handlungsdirektive: der Hybrid aus Rollenspiel- und Beat'-em'-Up. Beide mechanischen Sub-Systeme sind sinngebend an ein Spielziel gebunden. Ohne sich regelmäßigen Kämpfen zu stellen, ist es nicht möglich den Avatar so

5.1 Systemmechanik als Genredimension

weiter zu entwickeln, dass das Spielende erreicht werden kann. Im Sinne Jakobsons kann davon gesprochen werden, dass es im Facettenkatalog eine Dominante geben kann – eine zentrale, im Falle dieses Beispiels sogar hybride, mechanische Gattung, um die herum sich die anderen Genrekonzepte zu einer bereichernden Gesamterfahrung des Spiels formieren.

Das umfangreiche Spielareal von *Yakuza 6: The Song of Life* erlaubt gleichzeitig eine Transferleistung, nämlich die Anwendung des Facettenkataloges auf die ästhetische Ausgestaltung des Spiels. Bis hierher wurden die Wechselspiele innerhalb des Facettenkatalogs rein aus systemmechanischer Perspektive betrachtet: Genrefacettenkataloge finden sich aber nicht nur auf systemmechanischer Ebene, sondern auch in der Narration und der Ästhetik des Spiels. Ebenso wie es in der Akkumulation anderer ludischer Gattungen beobachtet werden konnte, begegnen und vermengen sich in *Yakuza 6: The Song of Life* auch auf der dramatischen und darstellerischen Ebene die unterschiedlichsten Genreeinflüsse und Stilmittel. Sie existieren in Hybridformen, säuberlich getrennt nebeneinander oder sequenziell in Reihe geschaltet und können in Teilen sogar komplett aus der Spielerfahrung herausfallen, wenn die entsprechenden Inhalte nicht entdeckt werden.

Am deutlichsten sind die Facettenkataloge der fiktionsästhetischen Dimension von *Yakuza 6: The Song of Life* an den Nebenquests zu erkennen. Diese sind einzelne, in sich geschlossene Erzähleinheiten, die Kiryus Haupthandlung narrativ ergänzen und um die spezifischen Eigenheiten anderer Genrewelten erweitern. Die Nebenquest ‚The Curse of Onomichi' etwa ist mit ästhetischen Konventionen des Horrorfilms inszeniert. Begibt man sich in Kapitel neun des Spiels auf den Friedhof von Onomichi, wird Kiryu von einem Geist überfallen. Zunächst wird die Szene mittels einer Zwischensequenz eingeleitet, die den kinematografischen Konventionen von Schauerfilmen folgt. Hier nimmt die Kamera die Blickperspektive des Monsters ein und bewegt sich über eine Kamerafahrt bedrohlich auf den nichtsahnenden Avatar zu. Nach dem Kampf – einem von insgesamt vier Konflikten mit jeweils unterschiedlicher Anzahl von Geistern, die Kiryu im Verlauf dieser Quest bestehen muss – trifft er auf einen Nichtspielercharakter. Dieser ist Friedhofsangestellter und erzählt Kiryu die Geschichte der rachedurstigen Geister, die durch Kiryus Kampfvermögen befriedet werden mussten und durch das Rache-Motiv wiederum auf Horror-Topoi zurückgreifen. Eine andere Nebenquest bewegt sich in den narrativen Traditionen amerikanischer Screwball-Komödien. Ebenfalls in Onomichi können die Spieler*innen einem jungen Liebespaar begegnen, das behauptet durch einen Unfall die Körper getauscht zu haben. Auch wenn sich diese Erzählung nachträglich als Schwindel entpuppt – die beiden wollten so verhindern, durch den Vater des Mädchens getrennt zu werden – ist die Passage konsequent von aufmunternder genrekonformer Musik und albernen Dialogen geprägt, die einen starken ästhetischen Gegensatz zum ‚Curse of Onomichi' bilden. Spielmechanisch sind beide Quests gleich aufgebaut und führen, ebenfalls nahezu identisch, zurück auf die systemmechanische Dominante des Spiels – es gibt eine narrative Einführung, einen Konflikt, den Kiryu mit Fäusten beseitigen muss, sowie eine Auflösung. Durch ihre Ausgestaltung zeigen sie jedoch deutlich, dass auch die ästhetischen Genres als Facettenkatalog funktionieren.

So wie die zentrale Handlungsdirektive systemmechanische Genres mischt, tut es auch die zentrale fiktionsästhetische Ausgestaltung der Spielgeschichte. Zwei große japanische Genres werden vermischt. Es ist keine große Überraschung, dass eines der zentralen fiktionsästhetischen Genres von *Yakuza 6: The Song of Life* der japanische Mafiafilm ist. Vergleicht man die gängigen Attribute des Filmgenres, wie sie etwa David Desser listet, mit dem Spiel, ist deutlich zu erkennen, dass auch dort die Yakuza als traditionelles Verbrechersyndikat im Mittelpunkt des Spiels steht und mit ihr der, gerade aus europäischer Perspektive, oftmals archaisch und ritualisiert wirkende Ehrenkodex, an den sich die kriminellen Mitglieder eines Yakuza Clans zu halten haben (2014, S. 117). Präziser gesagt, ist es das Sub-Genre des *Ninkyō eiga,* des „chivalry film" (Desser 2014, S. 117) Subgenres, das vom Spiel propagiert wird und welches sich gemäß Matthew Holland durch seinen ehrenwerten Protagonisten definiert (2012, S. 325). Als alternder Yakuza, der aus dem Syndikat aussteigen und nur das Beste für seinen Zieh-Enkel möchte, entspricht der Avatar diesem Typus. Damit erfüllt er gleichzeitig einen Figurenarchetypen, der auch in einem anderen, traditionell japanischen Filmgenre eine wichtige Rolle spielt: das japanische Familiendrama, oder hômu dorama. In der Tradition des vornehmlichen TV, aber auch Filmgenres stehen „Thematiken aus den komplizierten japanischen Familien-, Verwandtschafts- und Nachbarschaftsstrukturen, der Lebens- und Arbeitswelt der japanischen Mittelklasse und deren sozialen Bedingungen und Problemen" (Kaczmarek 2012, n. p.) im Vordergrund. Trotz des kriminellen Milieus erzählt auch *Yakuza 6: The Song of Life* in diesem Sinne die Geschichte einer diffizilen Familiensituation, denn Kiryu ist im Verlauf des Spiels auf der Suche nach dem Vater seines Zieh-Enkels Haruto, nachdem dessen Mutter Haruka, die im gleichen Waisenhaus wie Kiryu aufwuchs und eine enge Bindung zu ihm empfindet, in einen mysteriösen Unfall verwickelt war. Dass Zieh-Enkel Haruto, wie sich am Ende herausstellt, der Erbe einer verfeindeten Mafia-Dynastie ist und Kiryu deswegen in unzählige Konflikte verwickelt wurde, verdeutlicht die Verbindung beider japanischer Erzähltraditionen. Der gemeinsame Topos aus Gangster- und Familiendrama spielt nicht nur in der Hauptgeschichte des Spiels eine omnipräsente Rolle, sondern auch in den Handlungssträngen vieler Neben- und Hauptfiguren. Insbesondere Kiryus Rolle als Ziehvater und -großvater ist deutlich gezeichnet von diesen Figurengestaltungen. Er verkörpert das duale Genre des Spiels: Als alternder Mafiosi und Großvater will er – immer mit Bedacht auf seine familiären, aber auch kriminellen Nachkommen – die richtigen Entscheidungen treffen und für den Zusammenhalt seiner Familie – ein Begriff, der sowohl für das Private als auch die Schattenwelt der Yakuza genutzt werden kann – konsolidierend einstehen. Der soziale Zusammenhalt ist der Hybridisierungskatalysator zweier unterschiedlicher fiktionsästhetischer Genres und unterstreicht damit erneut die Kernmetapher der erfahrenen Lebenswelt in *Yakuza 6: The Song of Life*.

5.2 Fiktionsästhetik als Genredimension

Mit dem Begriff Fiktionsästhetik lässt sich die erzählerische und audiovisuelle Ausgestaltung eines Videospiels beschreiben. Der Begriff umfasst das WAS der Videospiele: Was versetzt die Spieler*innen in eine fiktionale, virtuelle Welt, was sind ihre ästhetischen Qualitäten und was für eine Erzählung wird den Spieler*innen präsentiert, oder als Erfahrung angeboten. Trotz ihrer Wesenszüge als regelhafte Systeme mechanischer Interaktion sind Videospiele unverkennbar fiktional. Was in der Programmierung des Videospiels verankert ist, wird in Text, Grafik, Geräusch und Geschichten übersetzt und so an die Spieler*innen kommuniziert. Auch wenn es uns bei abstrakten Titeln, wie zum Beispiel dem meditativen Zeichenspiel *Engare* (Mahdi Bahrami 2017), schwerfallen mag, narrative Komponenten zu besprechen, ist jede Wahl von Form und Farbe in einem Videospiel eine Aussage über die Beschaffenheit seiner in sich geschlossenen fiktionalen Welt. Würden sich *Engare*s Mandala-artige Bildformen nicht aus islamischen Mustern, sondern gotischen Bögen und Winkeln zusammensetzen, wäre dem Spiel auch ganz ohne Erzählinstanz, ohne Geschichte, eine vollkommen andere Wirkung gesetzt.

Die Genredimension der Fiktionsästhetik umfasst aber auch die narrativen Komponenten des Videospiels. Videospiele erzählen Geschichten, auch wenn diese nur auf einer abstrakten Meta-Ebene ‚gelesen' werden können, denen man sich mit Hilfe dem Vokabular der traditionellen Literaturwissenschaft annähern kann. Mit den methodischen Toolkits der Literaturwissenschaft lassen sich etwa Unterscheidungen zwischen der Erzählzeit und der erzählten Zeit, also der sich zutragenden Geschichte und der Art, wie diese vermittelt wird, benennen (Bode 2005, S. 97–98). Wie bereits in Abschn. 3.2 erwähnt, haben sich zudem auch viele Fachbegriffe der Filmwissenschaft innerhalb der Game Studies etabliert. Videospiele können auf die Nutzung filmischer Stilmittel zurückgreifen (etwa durch den Einsatz kurzer, filmischer Zwischensequenzen). Zudem können Phänomene wie die Kameraperspektive eines Videospiels korrelierend mit den Begriffen für Kamerafahrten aus Film und Fernsehen analysiert werden.

Durch den Faktor der Interaktivität lassen sich narrative Elemente von Videospielen jedoch nicht immer klar mit altgedientem Fachvokabular beschreiben, beziehungsweise können sie sich in ihrer Ausprägung deutlich von den statischen Erzählstrukturen anderer Medien abheben. Immerhin befinden sich Spieler*innen, gerade in den virtuellen Welten von AAA-Titeln, immersiv in einer komplexen, audiovisuellen und narrativen Komposition, die eher entschlüsselt werden muss, als dass sie tatsächlich aktiv erzählt wird. *Dark Souls* (FromSoftware 2012) etwa versetzt Spieler*innen in eine düstere, fragmentarische Welt aus verlorenen Tempeln, Städten und Burgen, deren gesamte Geschichte, wenn überhaupt, nur erratisch durch die unverlässlichen Aussagen von Nichtspielerfiguren oder textlichen Beschreibungen von Gegenständen archäologisch erforscht werden kann (Ascher 2014a, b). Hans-Joachim Backe unterscheidet darum, basierend auf aber nicht vollkommen deckungsgleich mit den Mitteln der Film- und Literaturwissenschaft, drei grundsätzliche narrative Archetypen des Videospiels (2008, S. 28):

Abstrakt: Abstrakte Videospiele wie *Tetris* (Alexei Paschitnow 1984) benutzen kaum narrative Mittel. Das Zusammenpuzzeln von geometrischen Formen scheint (außerhalb der extradiegetischen Jagd auf einen High Score) keine Geschichte zu erzählen. Doch selbst hier lassen sich minimalistische, intradiegetische Erzählinstanzen entdecken. So werden Spieler*innen etwa, je nach Höhe des High Scores, mit einer simplen Animation eines Kasachok-Orchesters und eines Raketenstarts belohnt. Die Höhe der Punktzahl verändert die Darstellung.

Implizit narrativ: Hier geben primär Spielewelten einen Möglichkeitsraum für Geschichten vor, welcher erkundet und darauffolgend entschlüsselt werden muss. So beginnen Spieler*innen in *Gone Home* (The Fullbright Company 2013) auf der Schwelle eines Hauses, das kurz zuvor noch Schauplatz eines dramatischen, familiären Ereignisses war. Preisgegeben wird diese Information allerdings erst durch die Erkundung des Hauses und durch darin verstreute Hinweise, zum Beispiel in Form von Nachrichten auf dem Anrufbeantworter, Post-It Notizen oder Tagebucheinträgen sowie den monologischen Kommentaren des Avatars.

5.2 Fiktionsästhetik als Genredimension

Explizit narrativ: Hier wird eine Geschichte direkt mit offensichtlichen, dramatischen, filmischen oder literarischen Maßnahmen vermittelt. Der Titel *Wolfenstein: The New Order* (MachineGames 2014) nutzt für die Vermittlung seines alternativen Geschichtsverlaufes ausgiebige filmische Passagen, in denen den Spieler*innen die Handlungsmacht entzogen wird und, in vorprogrammierten Sequenzen, besonderer Wert auf Charakterdialoge gelegt wird. Zudem folgt der Spielverlauf einer archetypischen dramaturgischen Struktur von Spannungsaufbau, Klimax und Resolution.

Aufgrund ihrer interaktiven Komponenten ist in besonderem Maße die Umsetzung von Narrativen in der erkundbaren, virtuellen Geografie des Videospiels interessant. Als einer der ersten Forscher widmete sich Henry Jenkins diesen Eigenheiten des Videospiels. Er dokumentierte ursprünglich die Möglichkeiten von Vergnügungsparks, Besucher in eine andere Wirklichkeitswahrnehmung zu versetzen, und übertrug diese Ansätze auf das, was er in Videospielen als Environmental Storytelling bezeichnete (2004, S. 123–129). Man unterscheidet bei Jenkins zwischen vier ‚E's:

Evocative: Die Umgebung eines Videospiels verweist in ihrer Gestaltung entweder auf ein bestehendes Werk oder eine offen-generische Genretradition.

Enacting: Szenen oder narrative Muster, die erst durch das Handeln der Spieler*innen eine dramaturgische Rahmung erfahren.

Embedded: Hinweise, Nichtspielercharaktere, Gegenstände oder ähnliche Elemente einer virtuellen Geografie, die durch ihre räumliche Anwesenheit ein Narrativ andeuten.

Emergent: Narrative Ereignisse, die sich ohne feste Direktive und unstrukturiert aus dem Gameplay des Spiels ergeben. Oft werden diese Ereignisse erst durch den Austausch über die Spielerfahrung narrativ festgehalten.

Rauscher überführt 2015 Jenkins in einen analytischen Entwurf, der den spielerischen Raum wie einen filmischen analysieren kann (106–109). Angelehnt an den filmanalytischen Begriff ‚Mise en Scène', der den genauen Szenenaufbau zu einem spezifischen Moment innerhalb eines Films bezeichnet, benennt er ihn als

‚Mise en Game' und beschreibt ihn in vier Kategorien, die sich teilweise mit Jenkins Begriffen überschneiden:

Das anspielungsreiche Mise en Game.	Es ist an Henry Jenkins Evocative Narration angelehnt. Insbesondere Adaptionen transmedialer Erzählwelten beruhen auf diesen Methoden. Das Videospiel *Middle-Earth: Shadow of War* (Monolith Productions 2017) speist sein Mise en Game aus dem transmedialen Fantasy-Universum von J.R.R. Tolkiens *Herr der Ringe* Romanen (1991).
Das andeutende Mise en Game	ist an Jenkins Embedded Storytelling angelehnt. In diesem Fall ist Rauschers Beobachtung zum Raum jedoch nicht nur direkt in der Spielwelt angesiedelt, sondern auch im Vorwissen der Spieler*innen über bestimmte Genre-Konventionen. *Alien-Isolation* (Sega 2014) verwendet beispielsweise nicht nur bekannte Ikonographien aus Ridley Scotts *Alien*-Universum, sondern auch generelle Tropen des Science-Fiction Horrors.
Das ludonarrative Mise en Game.	Diese orientiert sich an der Verwendung des filmwissenschaftlichen Begriffs ‚Mise-en-Scène' und „umfasst … die Option zum Ausagieren einer ludischen Situation in einem bestimmten Abschnitt" (Rauscher 2015b, S. 109).
Das ludische Mise en Game:	Die Idee des Erzählraums ist klar von einer Regelhaftigkeit geprägt. Durch die deutliche Hervorhebung einer virtuellen Geografie als Arena, Labyrinth oder Hindernisparkour rückt klar deren Relevanz innerhalb eines Regelkomplexes vor ihre ikonographische Ausgestaltung.

So wie die Fiktionsästhetik eines Videospiels für die allgemeine Analyse herangezogen werden kann und muss, so lässt sie sich also auch zur Erkennung von Genreeigenheiten eines Spiels einsetzen. Der enge Kontakt zum Vokabular anderer Medienwissenschaften bleibt auch in der Gattungstheorie der Videospiele bestehen, wie im folgenden Spielebeispiel und seinen Parallelen zum Horror-Genre verdeutlicht wird.

5.2.1 Fallbeispiel: Dead Space

Die Schreckensreise durch den Weltraum beginnt cineastisch. Über statischem Bildrauschen wird zunächst der Titel des Spiels und dann der verschwommene Kopf einer Frau eingeflimmert, die einen Notruf aussendet. Die Kamera zoomt heraus, der Bildschirm entpuppt sich als intradiegetisch und die herauszoomende Kamera offenbart Isaac Clarke, den Protagonisten und Avatar der Geschichte, vor dem Bildschirm. Hinter dem Monitor kann man durch eine Glaskuppel die Weiten des Weltraums sehen. Andere Crewmitglieder offenbaren den Zuschauern über ein Gespräch mit Isaac, dass der Hilferuf von dessen Ehefrau stammt, die auf dem Raumkreuzer Ishimura arbeitet, und dass Isaac Teil einer Rettungsmission sei, welche die mysteriösen Vorfälle auf dem Schiff ergründen soll. Obwohl der Funkkontakt von der Ishimura nicht erwidert wird, versucht sich die Crew an einer Landung. An Deck des dunklen, verlassenen Schiffs übernehmen die Spieler*innen nun die Kontrolle über Isaac als Avatar. Schon nach wenigen interaktiven Schritten wird dieser dann von seiner Gruppe getrennt. Trotz der gerade erlangten Handlungsmacht müssen die Spieler*innen und ihr Avatar selbst hilflos durch eine Glasfront mit ansehen, wie die anderen Crewmitglieder von unheimlichen Wesen attackiert werden. Isaac/die Spieler*innen flüchten und ein Kampf ums Überleben beginnt.

Dead Space wird zumeist eindeutig dem Survival Horror Genre zugeordnet. Innerhalb dieses Videospielgenres werden Erfahrungen von Verwundbarkeit betont. Entgegen vieler anderer Videospielnarrative, in denen den Spieler*innen Avatare in Heldenrollen zugewiesen werden, können Feinde hier selten erfolgreich bekämpft werden. Oft stehen Flucht, Verstecken und eben das blanke Überleben im Vordergrund. *Dead Space* stimmt mit klassischen filmischen Mitteln auf diese Erfahrung ein, was, wie bereits erwähnt, ebenfalls typisch für dieses Videospielgenre ist. Survival Horror äußert sich präferiert über narrative Instanzen (Kirkland 2009, S. 64). Perron, der die Beobachtung aufgriff, fügte hinzu, dass der Survival Horror gerade aufgrund der Nutzung dieser stilistischen Mittel im Vergleich zu anderen Videospielgenres mit bereits versierten „markers, mapping tools, and agendas" (2018, S. 52) angegangen wurde, wie sich in der folgenden Genreanalyse von *Dead Space* erkennen lässt.

Auf fiktionsästhetischer Ebene bedient sich der Survival Horror von *Dead Space* bei bekannten Tropen des Horrors, aber auch der Science-Fiction. Erkennbar ist dies umgehend am düsteren Schauplatz: die Kulisse des Titels, das Raumschiff Ishimura ist kaum beleuchtet und gezeichnet von abgenutzter, metallener Architektur, die labyrinthartig angelegt ist. Protagonist Isaac ist, ebenfalls typisch für Horrornarrative, zumeist allein auf der klaustrophobisch konzipierten Ishimura unterwegs und in der Bewältigung von Problemen und Hindernissen sowie dem Konflikt mit Feinden auf sich allein gestellt. Kontakt mit anderen Menschen (in Form von Nichtspielercharakteren) gibt es zwar, allerdings nur per Funk, Telekommunikator oder strikt räumlich getrennt durch dicke Glaswände und Kluften. Einzig die Monster/Aliens des Spiels, im Verlauf der narrativen Handlung Necromorphs genannt, kommen Isaac oft gefährlich nahe. Als übernatürliche Feinde stellen sie die eindeutigste Komponente des Horror- und Science-Fiction Genres dar (Bordwell und Thompson 2010, S. 340). Typischerweise – und so auch in *Dead Space* – sind diese Monster abstoßend dargestellt und scheinen nicht den Naturgesetzen zu unterliegen (Bordwell und Thompson 2010, S. 340). Bösartig dringen sie in die Realität des Protagonisten Isaac ein.

Versteht man Horror im Sinne des Genre-Autoren Stephen King als eine Art von Grusel, der die Menschen entweder als Terror, Schrecken oder Ekel (nach Vossen 2004, S. 10–11) heimsucht, kann man im Falle von *Dead Space* eindeutig den Ekel als zentrale Metapher des Schreckens definieren, welche sich gemäß der Raumtopologie Jurij Lotmanns in der Fiktionsästhetik des Spiels verorten lässt (1972). *Dead Space* fußt seinen Horror auf einer Logik von ‚innen' gegen ‚außen', die zentral durch den Konflikt der ekelhaft-korrumpierten Necromorphs als Heimsuchung des logisch-denkenden Ingenieurs Isaac ausgespielt wird. So wird es etwa dargestellt im Screenshot aus der Eröffnungsszene des Spiels (Abb. 5.4).

Isaac (Abb. 5.4, im Vordergrund) wirkt durch seinen pragmatisch konzipierten Raumanzug, im Gegensatz zum nackten Necromorph (im Hintergrund), als eine Art unbefleckter Maschinenmensch. Bewusste Designentscheidung seines Kostüms ist die Rippen-artige Lammellenführung auf der Oberfläche des Raumanzugs (Robinson 2013, S. 13), welcher Isaacs vertraute menschliche Anatomie und symmetrische Beschaffenheit hervorhebt. Im Vergleich dazu sind die Necromorphs unnatürlich verkrümmt, ungesund, symmetrielos (Robinson 2013, S. 77–79) und erfüllen ihre Rolle als feindliche Monster dadurch, Isaacs ästhetische Reinheit mit ihrer Monstrosität infiltrieren zu wollen:

> They fuse themselves to Isaac's body in various ways including chewing him, piercing him and infecting him. The Necromorphs are associated with forms of psychic intrusion, including the generation of hallucinations that blur the boundaries

between life, death, past and present. By combining hostile alien sentience, with human body parts, they ignore any border between the human and the alien, and they over-ride the boundaries between individual human subjects by recycling flesh. (Carr 2014, n. p.)

In der Audiovisualität und Inszenierung von *Dead Space* werden Avatar/Spieler*innen und Gegenspieler so dramatisch gegenübergestellt und in Szene gesetzt. Grafisch wird das insbesondere durch Farb- und Lichtnuancen betont: Nebel, blendende Lichter und dunkle Farben lassen die außerweltlich-mutierte Gestalt des Necromorphs nur erahnen. Die Chiaroscuro Beleuchtung wird als typisches Stilmittel zur Erzeugung harter Kontraste und einer unheimlich im Dunkeln verborgenen Umwelt genutzt. Typisch für die aufgenommene Ästhetik des Horrors ist es auch, dass man das Monster nie in klaren und ruhigen Momenten erlebt – was sich zugegebenermaßen schlecht über einen Screenshot einfangen lässt. Die Necromorphs rennen, kriechen und springen durch die Schatten, sodass sich kaum eine klare Kontur ausmachen lässt. Im von der verstörenden Anmut der Necromorphs dominierten Außen herrscht dann – wenn es sich denn doch einmal klar erkennen lässt – die Visualität des Körperhorrors vor und stiftet ein Unbehagen zwischen Ekel und masochistischem Voyeurismus. Spieler*innen wollen die Monster nicht sehen, doch müssen sie diese mit den Waffen, die Isaac zur Verfügung hat, genau ins Visier nehmen, um sich zur Wehr zu setzen. Im Falle von *Dead Space* bedeutet dies auch, den Necromorphs gezielt Körperteile abzuschlagen oder zu schießen, um sie am effektivsten kampfunfähig zu machen. Einem westlich-industriellen Zeitgeist der Entfremdung entsprechend, in dem man sich eben jener Entfremdung von Körperlichkeit zur Not auch durch Momente des Schreckens und der Angst widersetzt (vgl. Stiglegger 2010, S. 96), präsentieren sich so Standardelemente des Spielprinzips von *Dead Space* mit dem abstoßend-anziehenden Ekel des Horrorfilms im 21. Jahrhundert.

Wie in der Kapiteleinleitung bereits aufgegriffen, bestimmen typische Horrortropen nicht nur die audiovisuelle Präsentation, sondern auch die Handlung von *Dead Space* – vom gewählten Setting über die Gefangenheit des Protagonisten darin. Die Dramaturgie des Titels bedient sich klar den altbewährten Motiven von Horrorliteratur und -film. Auf der Suche nach dem Ursprung der Necromorphs folgt Isaacs Reise durch die Ishimura einem kontinuierlichen Spannungsbogen. Dieser ist durchsetzt von sogenannten Jump-Scares – kurzen, intensiven Schockmomenten – zum Beispiel in Form von plötzlich durch einen Lüftungsschacht brechenden Feinden. Die Spieler*innen können Isaac mit verschiedensten Waffen ausstatten. Dennoch gewinnt er nie deutlich die Oberhand über seine übermenschlichen Kontrahenten. Jeder Kampf ist ein packendes Schreckenserlebnis, in dem die Perspektive der Kamera, typisch für den Survival Horror, Isaacs attackierten, bestraften Körper konsequent in den Mittelpunkt stellt (Perron 2018, S. 270).

5.2.2 Videospiel-Genredimensionen als Hybride

Survival Horror Spiele wie *Dead Space* machen es sich zur Aufgabe, Spieler*innen vor allem durch ihre ästhetischen und narrativen Eigenheiten, die aus anderen Medien meist schon bekannt sind, aus ihrer Komfortzone zu locken. Dies kann durch gekonnten Einsatz von Stilmitteln gelingen, die sich der fiktionsästhetischen Genredimension zuordnen lassen. Doch gerade im Fall des äußerst untersuchenswerten Genres Survival Horror macht sich eine interessante Vermengung der Genredimensionen bemerkbar. Die Kameraperspektive etwa, die Isaac in den Mittelpunkt der außerirdischen Aggressoren rückt, ist sowohl von ästhetischer als auch von spieldynamischer Bedeutung. Ähnliche Beobachtungen spielen sich in den Genrenomenklaturen wieder, die zur Beschreibung von Survival Horror Spielen verwendet werden. Hier finden sich, wie in folgendem Beispiel von Laurie Taylor, Mischbeschreibungen ludischer und ästhetischer Genrekomplexe wieder: „As with other genres, survival horror is the child of many other genres, notably adventure, but also including action, horror (without the survival component), and the Gothic." (Taylor 2009, S. 47). So nimmt also auch die Spielmechanik scheinbar Einfluss auf unsere Wahrnehmung des Spiels als Survival Horror.

Der Survial Horror kann als Vorzeigefall eines Genredimensionshybriden gesehen werden. Er ist benannt „in relation to their narrative and aesthetic qualities, which relate to horror, and their gameplay qualities, where the game goal is survival." (Taylor 2009, S. 48). Dies äußerst sich beispielsweise an einer trägen Steuerung Isaacs, die Druck bei den Spieler*innen erzeugt, und gleichwohl auf dem Bildschirm ein aus Horrorfilmen bekanntes Motiv wiedergibt: der Held, der nur knapp dem Angriff des Monsters entrinnen kann. In hektischen Situationen fällt es durch die Behäbigkeit des Avatars zudem schwer, rechtzeitig bestimmte Tastenkombinationen zu drücken, um ihn erfolgreich durch die beängstigende Spielgeografie zu lenken oder im richtigen Augenblick mit der Waffe zielen zu können. Munition für Isaacs Arsenal ist ohnehin nur spärlich im Spiel vorhanden – ein weiterer Rückgriff auf bekannte Horrortropen, in denen sich die Protagonisten oft mit dem Minimalsten zur Wehr setzen müssen. Gleichzeitig ist es in *Dead Space* aber eine Spielregel, die mechanisch bedachtes Vorgehen provoziert und so eine Spieldynamik konstanter Bedrohung erzeugt, in der jeder Konflikt gut überlegt werden will und in der die Flucht vor den Necromorphs immer eine

5.2 Fiktionsästhetik als Genredimension

Option darstellt. Die Kameraperspektive setzt, wie erwähnt, den bestraften Körper des Protagonisten ins Rampenlicht, behindert aber dadurch auch die Sicht auf Teile der Umgebung. Isaacs Körper erfüllt einen Großteil der linken Bildhälfte, sodass man oft nur hört und nicht sieht, was sich tatsächlich hinter dem Rücken des Avatars zuträgt – eine weitere, effektiv schreckensinduzierende Trope auf ästhetischer und mechanischer Ebene. Im Videospiel verschmelzen also die beiden Genredimensionen der Systemmechanik und der Fiktionsästhetik zu einer Wirkung, welche im Fall des Survival Horror einer klaren Prämisse folgt: „Two of the most obvious emotions, in both games and films, are tension and fear" (Rouse 2009, S. 20). Bei Survival Horror Spielen ist diese kombinierte Wirkung am auffälligsten, doch generell sind Videospiele von dieser wechselseitigen Beziehung geprägt. Jesper Juul beschreibt dieses Phänomen als Zustand des „half-real" von Videospielen (2005): „real in that they consist of real rules with which players actually interact, ... while imagining a fictional world" (1, original emphasis). Die Spielmechanik eines Videospiels und dessen fiktionale und ästhetische Komponenten stehen demnach in stetiger Oszillation und verweisen in ihren Attributen Konsequent aufeinander. Dass Isaac mit einer Waffe zielen kann, ist sowohl künstlerischer Ausdruck eines kampfbereiten Protagonisten als auch Indikation für die Spieler*innen, diese auch im weiteren Spielverlauf, spielmechanisch ausgedrückt, abfeuern zu müssen.

Die vorliegende Argumentation erlaubt es nun, zwei Arten von Genrehybriditäten in Videospielen zu identifizieren:

Intradimensionale Hybride: Angelehnt an den Begriff der Genrehybridität nach Beil lässt sich beschreiben, dass sich innerhalb einer Genredimension verschiedene, kategorisch unterscheidbare Genretraditionen vermengen können. Im Falle der Fiktionsästhetik von *Dead Space* sind das beispielsweise die Filmgenres Horror und Science-Fiction. Auf Ebene der systemmechanischen Dimension kann erneut auf das von Beil genannte Beispiel *Borderlands* als Mix aus Shooter und Rollenspiel (REF), oder auf den in Abschn. 5.1 besprochenen Titel *Yakuza 6: The Song of Life* als intradimensionaler Hybrid aus Rollenspiel und Beat-em'-Up verwiesen werden.

Extradimensionale Hybride: Zwei Genredimensionen vermengen sich, parallel zu Juuls Konzept des halbrealen Videospiels, zu einem extradimensionalen Hybriden, wenn sie einen einheitlichen Effekt innerhalb eines Videospiels erzeugen. Der Survival Horror von *Dead Space* zeigt, wie sich ästhetische Horror- und mechanische Action-Tropen vermengen lassen, in dem beide auf eine Schreckenswirkung abzielen. Im ethisch-kritischen Grenzwachensimulator *Papers, Please* (Lucas Pope 2013) vermischen sich, um ein weiteres Beispiel zu geben, eine karge zweidimensionale Pixelgrafik und simple mechanische Abläufe, um den Spieler*innen ein klaustrophobisches, monotones Abbild deprimierender Kontrolleurs-Arbeit zu vermitteln.

Wie sich in der Darstellung unterschiedlicher Diskursfelder des Kap. 4 zeigte, geht die Tendenz aktueller Videospiele bevorzugt zum Multigenre, bzw. zu Genrehybridität. Der wissenschaftliche Blick hin zur Hybridität der Genredimensionen schult jedoch darin, explizit nach der vereinten Wirkkraft unterschiedlicher Genrerepertoires bei der Analyse eines Videospiels zu suchen.

5.3 Sozioritus als Genredimension

In der Adaptionstheorie beschreibt Linda Hutcheon die Übertragung eines künstlerischen Stoffes von einem bewährten Medium in ein neues als das Hinzufügen von Rezeptionsebenen (1999). Im Sprung von Text auf Film wird das Medium um eine visuelle Ebene ergänzt, im Sprung von Film auf Videospiel schließlich um eine interaktive. In den ersten beiden Fällen haben wir fixe formale Kriterien, die uns über das Genre aufklären. Text und Filmmaterial bleiben, einmal produziert, statisch in ihrer Materialität bestehen. Verfolgt man Hutcheons Ideen gemünzt auf die Perspektive genretheoretischer Fragen weiter, kann man Folgendes behaupten: Für das Medium Videospiel ist die Interaktion, also das Verhalten der Spieler*innen, welches sie im Spiel zeigen, zentral – unter anderem auch für die Frage nach dem Genre.

Die Genredimension des Sozioritus beschreibt nun, welche Auswirkungen das eigene soziale Wesen und die Inkorporation der Spieler*innen in eine virtuelle

5.3 Sozioritus als Genredimension

Welt gemäß Calleja (2011), beziehungsweise das Fehlen von anderen menschlichen Spieler*innen in einem Videospiel, auf die Genreerfahrung haben kann. Sie stellt die Frage nach dem WER in den Genredimensionen: Wer ist an meinem Spiel beteiligt, wer kann auf meine Genrewahrnehmung Einfluss nehmen und, vor allen Dingen, wer bin ich selbst innerhalb der Genreverflechtung der Spielwelt? Dass das Spielerverhalten sich auf diese Wahrnehmung auswirken kann, konnte über das vorige Kapitel bereits am Fallbeispiel von *Dead Space* angedeutet werden. Lassen sich Spieler*innen auf die schrecken- und ekelerregenden Tropen des Spiels ein, verhalten sie sich gestresst, angetrieben von einer packenden, emotionalen Wirkkraft. Im Sog genrehybrider Konzepte des Spiels nehmen sie als soziales Wesen an dessen Virtualität teil. WER spielt, ist für die Genreerfahrung also hierarchisch sowohl dem systemmechanischen WIE als auch dem fiktionsästhetischen WAS gleichbedeutend.

Besonders offensichtlich wird die Bedeutung der Dimension Sozioritus bei Videospielen, an denen mehrere Spieler*innen teilnehmen. Wie wichtig das Spielerverhalten für die persönliche Wahrnehmung eines Videospiels ist, wird in dem kurzen Machinima-Film *RP Player Does A Dungeon* des Youtube-Nutzers ‚hirumaredx' veranschaulicht (2016). Die knapp dreiminütige Persiflage auf die Erlebnisse einer kleinen Gefährtenschaft in *World of Warcraft* (Blizzard Entertainment 2004), die für das Bestreiten einer Quest einen neuen Mitspieler in ihre Runde aufnehmen möchte, thematisiert das Aufeinanderprallen zweier rhetorischer Spielerkonzepte. Ein neu in den Gruppenverband aufgenommene Spieler stellt sich lediglich als ‚Heinrich Krauss, Destruction Mage of the Apocalypse' vor, redet vornehmlich mit pseudo-mittelalterlichem Diktum und bereitet der Runde durch sein regelfernes, aber spielweltkonformes Verhalten Kopfzerbrechen. Während die restliche Gruppe untereinander und mit ‚Heinrich' über die effektive Regelnutzung des Spiels zu kommunizieren versucht, hält dieser eisern an seiner theatralischen Figurengestaltung fest, was letztendlich zum Scheitern der Truppe und Amüsement des Zuschauers führt.

Was in der Machinima überspitzt dargestellt wird, beschreibt in seinem Kern eine persiflierte, wenn auch reell mögliche, zwischenmenschliche Spielerfahrungen. Die virtuelle Geografie des Videospiels *World of Warcraft* und vieler anderer Titel wird von unzähligen menschlichen Teilnehmern bespielt, unter denen Konflikte, Kooperationen und Kommunikation stattfinden. Freilich kann dies auch zu Dissonanzen führen: Wenn jemand bestimmte Erwartungshaltungen an eine Spielerfahrung hegt, diese von anderen menschlichen Spieler*innen jedoch nicht erwartungskonform zurückgespielt wird, wirkt sich dies bestimmend auf die eigene Spielerfahrung und folglich auf die Genrewahrnehmung aus.

Für Salen und Zimmerman ist das Erzeugen einer Kommunikationssituation eine essenzielle Eigenheit des Videospiels. „[T]hey can facilitate communication between players. There are many forms of digitally mediated communication, from email and text chat to real-time video and audio communication" (2004, S. 89). Gemäß dieser Designerweisheit können Videospiele mit Mehrspielerfunktion als telekommunikative Instanz zwischen menschlichen Spieler*innen verstanden werden. Sie regeln, wie über das Spiel miteinander in Kommunikation getreten werden kann und reizen dazu die Möglichkeiten sozialer Interaktion, modifiziert durch die systemmechanischen und fiktionsästhetischen Charakteristika des Spiels, aus: Die Systemmechanik gibt vor, was spielmechanisch erlaubt ist. In einem Spiel wie zum Beispiel *Journey* (Thatgamecompany 2012) ist nur die kooperative Zusammenarbeit möglich. Spieler*innen müssen gemeinsam eine Ödnis durchqueren und können einander Hinweise über unterstützende Pfeifsgnale geben. In anderen Spielen wie *Mortal Kombat* (Midway Games 1992) wiederum erlaubt die Mechanik nur die Konfrontation zwischen Spieler*innen und, im Sinne des kampfsportlichen Wettbewerbs, nur die konflikthafte Auseinandersetzung. Spiele wie *World of Worcraft* erlauben nun komplexere Abstufungen, Sequenzen und Kombinationen von mechanischen Interaktionsmöglichkeiten mit anderen Spieler*innen. Man kann sich kooperativ oder konflikthaft mit ihnen auseinandersetzen, oft frei zwischen diesen beiden binären Positionen wechseln und hat zudem auch die Möglichkeit neutral zu kommunizieren oder sich allein und ohne menschliche Gesellschaft an die Bewältigung von Quests zu machen. Hier spielt nun die fiktionsästhetische Genredimension eine wichtige Rolle, denn Spieler*innen können sich nicht nur von der Mechanik, sondern auch von der virtuellen Welt, die sie bevölkern, zu performativem, kommunikativem Handeln inspirieren lassen.

Dieses emanzipatorische Verständnis von Handlungsvollmacht in einem Videospiel kann nun in unterschiedlichen Arten der kommunikativen und ludischen Nutzung eines Spiels, der User Practice, erfasst werden. 2008 wurde diese von Elke Hemminger in vier in einander übergreifende Gebiete aufgeschlüsselt (96):

Primal Gameplay: Beschreibt die systemmechanisch orientierte Kommunikation. Im gegenseitigen Austausch spielen das Befolgen von Regeln sowie die effektive Ausnutzung von Spielmechaniken oder Strategien zum schnellen Erlangen von Erfahrungspunkten eine Rolle.

Extended Gameplay: Beschreibt, wie andere Eigenheiten des Spiels genutzt werden, um die Spielerfahrung zu vertiefen. Hierzu

5.3 Sozioritus als Genredimension

gehören Emojis, Makros, die Möglichkeiten den Avatar Gesten rein sozialer, jedoch nicht spielentscheidender Natur ausführen zu lassen, aber auch den Freiraum, Kommentare in fiktionsästhetisch angepasster Weise zu formulieren.

Secondary Gameplay: Diese beschreibt das Nutzen eines Spiels als generelle Kommunikationsplattform. Spieler*innen werden beispielsweise durch Chats miteinander verbunden. Bei dieser Art von Gameplay dient das Spiel vornehmlich als technischer Rahmen für die Kommunikation, welche selbst nicht unbedingt etwas mit dem Spiel zu tun haben muss.

Merged Gameplay: Es beschreibt die Nutzung eines Spiels als öffentlichen Platz der Kommunikation, in dem relevante Erfahrungen gemacht werden und die realwirkliche Persönlichkeit der Spieler*innen anstelle eines erdachten Avatars im Vordergrund steht.

Regeln zwischenmenschlicher Interaktion verdeutlichen damit, dass Riten alltäglicher Begegnung im Sinne von Genres ausdifferenziert werden können. In *Genre as Social Action* legt Rhetorikerin Carolyn Miller den Grundstein zu einer solchen Perspektive auf den Genregedanken (1984). Gesellschaftliches Handeln, so Miller, besteht aus einer Summe formeller und substantieller Attribute: „[H]uman action is based on and guided by meaning, not by material causes, at the center of action is a process of interpretation." (Miller 1984, S. 156). Über die Erkenntnis, menschliches Handeln als Grundlage komplexer rhetorischer Phänomene zu sehen, wird auch das Genre zur „formal entity; it becomes pragmatic, fully rhetorical, a point of connection between intention and effect, an aspect of social action" (Miller 1984, S. 155). Ihre theoretischen Ansätze lassen sich damit auch reziprok auf den virtuellen Raum von Videospielwelten übertragen, in dem ebenfalls unorthodoxe Sozialpraktiken Einfluss auf interaktiv veranlagte Genreverständnisse nehmen können – wie am Beispiel von ‚Heinrich Krauss' gesehen. Nach Miller lassen sich die Verhaltensweisen von Spieler*innen in der virtuellen Spielewelt – ebenso wie in der realen Welt – mit der Idee der Exegience erklären: „Exigence is a form of social knowledge – a mutual construing of objects, events, interests, and purposes that not only links them but also makes them what they are: an objectified social need" (Miller 1984, S. 157).

Bevor wir handeln, müssen Menschen über ihre soziale Kompetenz eine Prognose über die aktuelle Situation treffen, dementsprechend eine Handlungsoption wählen und sich über die möglichen Konsequenzen ihres Handelns auf ein Endergebnis der Situation bewusst sein. In der virtuellen Welt funktioniert das ebenso wie in der realen Welt: Man registriert die Umwelt mit ihren systemmechanischen, fiktionsästhetischen und zwischenmenschlichen Komponenten, zieht aus der Analyse Rückschlüsse auf mögliche Handlungsoptionen und exerziert diese schlussendlich, um ein bestimmtes Ergebnis zu erzielen.

In der Analyse von Spielen muss man sich hier also fragen, welche Eindrücke im Sinne der Material Environment nach Miller in der virtuellen Welt zur Verfügung gestellt werden, um Ihnen Anknüpfpunkte für ihre sozialen Handlungen zu geben. Erstens sind diese Eindrücke systemmechanisch durch das Spiel gegeben. In World of Warcraft beispielsweise hängt die Art und Weise, wie man sich seinen Mitspieler*innen gegenüber verhält, von der Serverlandschaft des Spiels ab. Bewusst kann man sich entscheiden, ob man einem PvE (Player vs. Enemy) Server beitreten möchte, in dem Spieler*innen kooperativ gegen Nichtspielerkreaturen vorgehen, oder einem PvP (Player vs. Player) Server, der den Konflikt zwischen menschlichen Spieler*innen gestattet und formell einrahmt. Zweitens kann das Material Environment fiktionsästhetisch motiviert sein. Ein Spiel in einem fantastischen Setting kann durchaus dazu animieren, sich, immersiv in eine fiktionale Welt eingebettet, entsprechend den audio-visuell und narrativ vermittelten Normen dieser Welt zu verhalten. Drittens können die Bedingungen für soziales Verhalten menschgegeben sein. Man reagiert auf bekannte soziale Muster wie Begrüßungen und Herausforderungen und kann, auch in der virtuellen Welt, subtile Zwischentöne der Kommunikation entziffern: Jonne Arjoranta und Marko Siitonen zeigen etwa, dass die Spieler*innen von *Hearthstone* (Blizzard Entertainment 2014) ein vom Entwickler gestelltes Repertoire an kurzen Chatnachrichten situationsbedingt kreativ uminterpretieren und sogar gegen die Intention der Entwickler einsetzen können (2018, n. p.). „A ‚Hello' can be used at the start of the match to greet the other player. But when the other player is taking their time with their turn, a repeated ‚Hello' can be used to convey frustration at their lack of haste." (Arjoranta und Siitonen 2018, n. p.). Das Verhalten von Spieler*innen und der zwischenmenschliche Kontext ihrer Interaktion haben, wie bereits mehrmals bewiesen und betont, ebenso wie systemmechanische und fiktionsästhetische Elemente, direkten Einfluss auf die Genreerfahrung.

5.3.1 Fallbeispiel: The Lord of the Rings Online

The Lord of the Rings Online erfüllt systemmechanisch die bekannten Bedingungen von MMORPGS – *Massively Multiplayer Online Role-Playing Games*. Man gestaltet sich individuell seinen eigenen Avatar und bewegt diesen fortan durch eine von einer Vielzahl anderer Spielercharakteren bevölkerten Welt, um allein oder gemeinsam Quests zu lösen, Erfahrungspunkte zu sammeln oder auch gegeneinander anzutreten. Wie der Name bereits anklingen lässt, speist sich die Spielwelt von *The Lord of the Rings Online* aus der berühmten Romanserie von J.R.R. Tolkien (1954). Spieler*innen können in die Rolle einer Figur aus den fantastischen Völkern dieser Welt schlüpfen – seien es Elben, Zwerge oder gar Hobbits – Schauplätze der Romanvorlage aufsuchen und gegen Trolle und Orks in die Schlacht ziehen.

Als MMORPG erlaubt es Spieler*innen, diese Welt auf unterschiedliche Arten zu bespielen. Dies spiegelt sich sogar in der Struktur des Spiels wider: Formal ist die Welt von *The Lord of the Rings Online* in unterschiedliche Server eingeteilt. Diese bieten jeweils den gleichen systemmechanischen und fiktionsästhetischen Spielinhalt, werden jedoch von unterschiedlichen Demografien genutzt. Verallgemeinernd lässt sich über MMORPGs sagen, dass sich deren Serveraufteilungen sehr oft an realen geopolitischen Verhältnissen orientieren. Es sind dann beispielsweise dezidiert nordamerikanische oder koreanische Server. Dies soll einerseits dazu führen, dass alle Spieler*innen eines Servers dieselbe Sprache sprechen und so barrierefrei miteinander kommunizieren können, andererseits aber auch dazu, dass Server zu bestimmten, immer identischen Stoßzeiten von vielen Spieler*innen frequentiert werden. Andererseits können sie jedoch auch nach anderen, normativen Wertvorstellungen kategorisiert sein. Nach der Charaktererstellung können Spieler*innen auswählen, auf welchem Server sie ihren Avatar spielen wollen. Im Fall von *The Lord of the Rings Online* gibt es ebenso dezidiert einsprachige Server, die zum Teil aber auch unterschiedliche Arten menschlicher Performance erwarten. Der deutschsprachige Server ‚Belegaer [DE-RP]' steht beispielsweise für Rollenspiel und explizite die erwartete Spiel- beziehungsweise Handlungsweise bereits in seiner Bezeichnung durch den in eckigen Klammern stehenden Zusatz. Es handelt sich um einen deutschsprachigen (DE) Rollenspielserver (RP), der eine rollen- und figurenbewusste Kommunikation innerhalb der Spielwelt erwartet. Klassische Austragungsorte hierfür sind zum Beispiel Marktplätze und Tavernen, wie das dem Buch entnommene ‚Tänzelnde Pony' (Abb. 5.5).

Abb. 5.5 Spielszene aus *The Lord of the Rings Online* (Turbine 2007. Eigener Screenshot)

Bei den vielfältigen sozialen Interaktionsmethoden, welche neben den frei über die Tastatur eingebbaren vokalen Äußerungen auch ein beachtliches, ausdifferenziertes Spektrum an Gesten umfasst, welche durch den Avatar wiedergegeben werden können (Abb. 5.5), wird in bestimmten Kontexten auf spielweltliche Authentizität Wert gelegt. So ist es auf Belegaer üblich, sich an den oben genannten sozialen Begegnungspunkten mit den, in den Büchern etablierten, traditionellen elbischen Grußformeln wie ‚mae govannen' zu begrüßen und Gespräche orientiert an der Leitlinie des fiktionalen Hintergrunds stattfinden zu lassen. In anderen, vornehmlich die Spielmechanik betreffenden Situationen ist dann allerdings auch die Kommunikation auf einer Meta-Ebene geduldet: Ohne explizit darauf hinweisen zu müssen, dringt dann spielmechanischer Jargon, wie zum Beispiel das Kürzel ‚lvl' für Level, in ein Gespräch ein, wenn Avatare mit einem bestimmten Mindestlevel für gemeinsame Quests zusammen gesucht werden müssen. Gameplay-Kommunikation, nach Hemmingers Einteilung, zeigt sich hier als fluide Entität, welche sich den jeweiligen Bedürfnissen der Spieler*innen anpasst und damit automatisch deren Augenmerk zwischen systemmechanischen oder fiktionsästhetischen Genrekomponenten nuanciert.

Das Wissen für eine authentische fiktionsästhetische Kommunikation im Spiel ergibt sich aus dessen intermedialen Kontext. Durch den Rückgriff auf die allumfassende Gestaltung von Tolkiens Universum werden implizit soziale Verhaltensweisen nahegelegt:

> Every player knows that the Rangers tend to slouch against walls or hang out beside campfires, waiting for an adventurer to show up to whom they can give all the tasks they don't want to do themselves. Elves are condescending to members of any other race, and Elladan and Elrohir are so aggressive in battle that they must be conscientiously protected to prevent their deaths. Slothful Rangers, snobbish Elves and reckless twins were not intentional creations; they were side effects of developers' efforts to set up quest givers and fights that align with Tolkien's canon. The players, though, have been quick to pick up on the features and turn them into cultural facts, so that everyone "knows" that Rangers are lazy, Elves are snooty, and Elrond's sons are near-suicidal. (Lambert 2019, S. 7)

Lambert verweist damit implizit auf die transmediale Metakommunikation. Das Wissen der Spieler*innen, gespeist etwa aus Tolkiens Büchern oder den unzähligen Film-, Brettspiel- und anderweitigen Adaptionen, speist eine Erwartungshaltung an den Spielgehalt. Auch wenn das Spiel nicht mandatorisch auf das Einhalten bestimmter sozialer Verhaltensweisen besteht, tragen Spieler*innen ihr Hintergrundwissen in die Welt von *The Lord of The Rings Online* hinein und setzen es, gemäß der fiktionsästhetischen und spielmechanischen Hinweise ihres virtuellen Umfelds, in sozioritziellen Handlungsakten über den Avatar um.

5.3.2 Videospiel-Genredimensionen als Agency-bestimmt

Das Verständnis von Genres als soziale Handlungen, wie es der Einfluss anderer Spieler*innen auf die eigene Wahrnehmung des Spielgenres illustriert, verdeutlicht ebenso die immense Wirkkraft des eigenen Handelns in der Generierung von Videospielgenres. Spieler*innen sind gleichzeitig Zuschauer und Akteur der performativen Virtualität des Videospiels (Ackermann 2015, S. 65–69). Videospiele geben uns die Möglichkeit, Fragen zu stellen wie zum Beispiel: „Was wollen wir sehen?" oder „was wollen wir tun?". Wir erleben in ihnen ein Genre, bestimmen das Genre im gleichen Atemzug jedoch mit und erzeugen dadurch eine individuelle Erfahrung. Im Multiplayerspiel wird diese Genreerfahrung auch durch das Verhalten anderer Spieler*innen geprägt oder beeinflusst. Die Qualität, performativ in ein Videospiel einwirken zu können und aus dieser Interaktion Erfahrungswerte zu erlangen, wurde als Phänomen in den Game Studies von Janet Murray besprochen. Sie bezeichnet dieses eigenmächtige Handlungsvermögen als Agency (1997, S. 128).

Mäyrä hält, am Beispiel von *The Lord of the Rings Online*, die symbiotische Einhaltung fiktionsästhetischer und ludischer Agency fest, welche MMORPGs ihren Spieler*innen durch die Gestaltung und Nutzung ihres Avatars abverlangen: „Ignoring either aspect would mean turning a blind eye towards an entire area of games' signification system – either forgetting the games' *semiosis* (meaning-making through symbolism and representation), or their *ludosis* (meaning-making through playful action)" (Mäyrä 2011, S. 15, Hervorhebung im Original). Er verweist weiters auf Bob Rehak (2003) und dessen Hervorhebung davon, wie uns zudem die Gestaltung des eigenen Avatars sozial in die Genrelandschaft eines Videospiels einbezieht: Rehaks psychoanalytischer Ansatz sieht, durch die indirekte Einflussnahme über einen Avatar, eine Verschmelzung der Perspektiven von Zuseher und Akteur, durch die das Spiel erfahren werden kann (Rehak 2003, S. 118–119). Die Freude der Avatargestaltung, so formuliert Mäyrä in Bezugnahme auf Rehak weiter, ist nicht nur reine Lust an der Repräsentation in der virtuellen Welt, sondern auch an der Ausübung von performativer Handlungsvollmacht (Agency) in einer regelgebundenen, fiktionalen Virtualität: „This enjoyment is interesting and meaningful because of its liminal character – it is not entirely clear whether a particular action is my act (as the player), or an act of the 'other one', the fictional character on the screen." (Mäyrä 2011, S. 15). Rehak sieht das Videospiel durch die Avatareingebundenheit in diese Oszillation aus Wirkgeflechten als „a collaboratory, quiet and orderly by comparison with the complexity of the real world, in which we toy with subjectivity, play with being" (2003, S. 123) – in der wir also, hinweisgetrieben und gleichwohl selbstbestimmt, über die Ausprägungen unserer Erfahrung und damit des erlebten Genres bestimmen können.

Spieler*innen – beziehungsweise Avatar-Agency wirken jedoch nicht nur in Mehrspielerspielen genrebestimmend. Auch Singleplayerspiele erfahren durch dieses Ventil eine Genreveränderung: Videospiele versetzen uns nicht nur in Kommunikation mit anderen Spieler*innen, sondern auch in einen Diskurs mit dem Selbst. Spieler*innen nähern sich dem Spiel mit einer Erwartungshaltung auf eine entsprechende Genreerfahrung, können dann jedoch frei entscheiden, ob und wie sie diese durch ihre Agency im Spiel annehmen und uminterpretieren. In *Dragon Age: Inquisition* (BioWare 2014) etwa, hat man die Möglichkeit durch Dialogoptionen das Wirken des Avatars in Gesprächen mit Nichtspielercharakteren zu verändern. Den Spieler*innen stehen verschiedene Optionen zur Formulierung einer Aussage zur Verfügung, welche ein Intentionsspektrum von aggressiv oder sarkastisch über neutral und freundlich bis hin zu verliebt oder humorvoll abdecken können. So lässt sich der Gattungston eines Dialoges ganz nach Empfinden zwischen dramatisch und komödiantisch skalieren. Spieler*innen sind in der Lage frei zu entscheiden, welchen Teilen des Spiels sie sich widmen und damit auch welche Genredimensionen sie betonen wollen.

Zentral spielt bei diesen Überlegungen immer der Avatar eine Rolle. Er ist der Nexus von Genrewirkeffekten, Ausgangspunkt von Agency und letztendlich auch Dreh- und Angelpunkt der Spielererfahrung. Durch seine fiktionsästhetische und spielmechanische Prägung und deren Funktion erhalten die Spieler*innen ein Bild von ihrem Avatar, aufgrund dessen sie eine Bindung zu ihm aufbauen können und sich in ihrer Art ein Videospiel zu spielen an den vermuteten Wesenszügen ihres Avatars orientieren. Yee und Bailenson betiteln dieses Phänomen als Proteus-Effekt (2007). Der Proteus-Effekt als Teil einer Agency-bestimmten soziorituellen Genreentscheidung soll im Folgenden am Beispiel von *The Witcher 3: The Wild Hunt* (CD Projekt Red 2015) gezeigt werden. Hauptfigur und Avatar des Videospiels ist Geralt. Als Adaption einer Serie von Romanen und Kurzgeschichten von Andrzej Sapkowski ist er bereits mit eigenen Charakteristiken ausgestattet und kann so, mit seinen schon gegebenen Schwächen und Stärken, gerne als stoischer Draufgänger mit trockenem Humor beschrieben werden. Die Videospieladaption hält sich in der groben Charakterisierung der Figur an die literarischen Vorlagen. Viele der zur Verfügung stehenden Dialogoptionen im Spiel zeugen von einer für Geralt typischen Bissigkeit. Dennoch ist es de facto immer Spieler*innen, der Geralts Handlungen per Agency bestimmt und so die Figur, sowie die daraus resultierende Genreempfindung, nachzeichnen oder uminterpretieren kann. Spieler*innen können Geralts Aktionen auf einer Meta-Ebene ausfüllen (DURCH den Avatar handle ich wie ich möchte), oder versuchen Geralt intradiegetisch orientiert an die Erwartungshaltung der Vorlagen zu spielen (ALS Avatar handle ich seinem werkintendierten Wesen entsprechend, beziehungsweise basierend auf einer individuellen Interpretation davon). Gerade im Falle von *The Witcher* ist dieses Phänomen spannend, da Sapkowskis Werke auch typische Gattungskonventionen folkloristischer Märchenkonventionen aufweisen. Nach Baumann erleben Spieler*innen so im Spiel von *The Witcher* Märchenkonventionen, die sie punktieren oder untergraben können:

> Die Vervollkommnung der eigenen Spielfigur stellt ein ungewöhnlich starkes affektives Potential dar, eine Prämisse dieses Spieltyps, eine ihm innewohnende Genrekonvention. Es darf durchaus als beachtliche künstlerische Leistung aufgefasst werden, ein Gegenpotential aufzubauen, das den Spieler diese Konvention in Frage stellen, ja brechen lässt. Das Märchen und seine narrative Logik stellen eine Konvention dar, die dafür stark genug ist, die eine so massive Erwartungshaltung erzeugt, den Spieler affektiv auf eine Weise anspricht, dass er die Logik der eigenen Geschichte der bekannten Konvention anzupassen geneigt ist. (Baumann 2016, n. p.)

Die von Baumann erwähnten Erwartungshaltungen beschränken sich auf die narrative Ausprägung von Agency auf die Genreerfahrung. Doch auch komplett von der fiktionsästhetischen Genredimension ausgelagerte Arten der Agency sind denkbar, was man beispielhaft an der Subkultur der sogenannten Speedrunner sehen kann. Speedrunning bezeichnet eine Performance-Art des Videospiels, bei der versucht wird, den Endzustand eines Spiels so schnell wie möglich zu erreichen. Fast nie stehen hier Plot oder Charakterentwicklung im Vordergrund, sondern das bewusste, unter einem persönlich auferlegten Zeitdruck geschehende, Ausnutzen von Spielmechaniken. Es geht ausschließlich um die Zeit bis zum Beenden des Spiels, wofür zum Beispiel auch Glitches – Fehler im System des Spiels – explizit ausgenutzt werden können. Beim Speedrunning werden sogar Spiele, deren intendierter Genrecharakter auf fiktionsästhetischen Elementen beruht, als abstrakte, auf schnellstmögliche Weise zu lösenden Puzzlespielen oder Hindernisrennen verstanden. Das Genreverständnis vom Spiel wandelt sich also zur Abstraktion eines Hindernisrennens. Andere soziorituellen Strategien der Genrebespielung lassen wiederum die mechanischen Komponenten des Spiels beinahe komplett außen vor und bevorzugen eine rein narrativ inszenierte soziale Handlung, wie Anna Haverinen nachzeichnet (2014). Spieler*innen benutzen beispielsweise die Spielgeografie von *World of Warcraft* nicht nur zum gemeinsamen Spiel, sei es Fiktions- oder Mechanik-inspiriert, sondern auch, um der Trauer über einen verstorbenen Gefährten durch eine im Spiel inszenierte Prozession Ausdruck zu verleihen:

> In tightly bonded player communities, the death of a co-player creates a crisis that is difficult to explain to an outsider with no experience of this type of relationship. People might not have met each other in person, but this does not change the feelings of belonging and level of care that gamers express to each other at such a time of loss. ... However, it is not only the player who grieves a co-player, but also their character, who has lost a relationship in the role-playing story. Both of these identities are expressed in the virtual memorials integrated and built in the world(s). ... [Thus, o]nline mourning and honouring answer to a larger need for communal support and ritualistic behaviour that the mere burial code does not offer. (Haverien 2014, S. 171)

Eine realweltliche Tradition wird hier symbolträchtig in der Spielwelt umgesetzt und verdeutlicht so erneut die Wirkweise von Genres als bindende soziale Kontrakte. Der Trauerzug durch *World of Warcraft*, ein Speedrun durch die Welt von *The Witcher 3: The Wild Hunt* oder das zuerst rollenspielhafte zusammenfinden einer Spiele-Community in *The Lord of the Rings Online*, bevor sich diese auf einer Meta-Ebene über Quests, notwendige Levels und zu erreichende Erfahrungspunkte unterhält, sind allesamt Gattungsauslegungen die vom Spiel durch systemmechanische und fiktionsästhetische Komponenten angeboten, erst von den Spieler*innen jedoch angenommen, umgesetzt oder interpretiert werden. Die Genretaxonomie des Videospiels erweist sich als wankelmütiges Konstrukt, dessen Gestalt durch Agency ausgehandelt werden muss und nur anhand von Input der Spieler*innen skizziert werden kann.

5.4 Zusammenfassung

Die **Dimension der Systemmechanik** umfasst alle Attribute, die den formalen, spielbar machenden Rahmen des Spieles ausmachen: Die formgebenden Regeln, die interaktionsbestimmenden Mechaniken sowie das resultierende Spielgefühl, das Gameplay. *Yakuza 6: The Song of Life* demonstriert, wie vielfältig Videospiele die Dimension der Systemmechanik anlegen können. In einer großflächig erkundbaren Spielgeografie wird eine Vielzahl an mechanisch ausdifferenzierten Genreerfahrungen geboten.

Die **Dimension der Fiktionsästhetik** beschreibt die erzählerische und audiovisuelle Ausgestaltung eines Videospiels. Sie kann mit literatur- und filmwissenschaftlichen Begriffen beschrieben werden. Im Rahmen des interaktiven Mediums spielt zudem die Räumlichkeit der virtuellen Geografie, deren Konstruktion, Nutzen und Interpretierbarkeit durch die Spieler*innen eine wichtige Rolle. Im Falle von *Dead Space* ist die Fiktionsästhetik durch Tropen aus Horror- und Science-Fiction-Erzählungen geprägt.

Die **Dimension des Sozioritus** umreißt die Genrekonventionen, die in Kommunikation zwischen menschlichen Spieler*innen eines Videospiels beziehungsweise in der Kommunikation zwischen Spieler*innen und dem Videospiel selbst zum Tragen kommen. Abgeleitet von der Idee, dass auch menschliches Verhalten im Sinne von Genres kategorisiert werden kann, versammelt sie einzelne Komponenten menschlichen Verhaltens im Videospiel und zeigt wie sich diese auf die eigene Genreerfahrung, aber auch die Genreerfahrung anderer menschlicher Spieler*innen auswirken können. In *The Lord of the Rings Online* eifert man so beispielsweise einer Rolle in dessen fiktionalem Fantasy-Universum nach, oder kommuniziert auf spielmechanischer Meta-Ebene miteinander.

Die drei Dimensionen befinden sich in stetiger Fluktuation und wirken in komplexen Zusammenhängen aufeinander ein. Genredimensionen des Videospiels müssen darum zuerst einmal als **Facettenkataloge** verstanden werden: Innerhalb von Videospielen existieren Genres parallel zu einander, sind dominanter Teil der

Spielerfahrung oder stehen optional zur Verfügung. Zudem sind Genredimensionen in ihrer Wirkkraft inhärent **hybrid**. Intradimensional können sich Genremarker der Systemmechanik, der Fiktionsästhetik oder des Sozioritus vermischen. Die drei Genredimensionen müssen aber auch extradimensional zusammenwirkend auf die Spielerfahrung verstanden werden. Letztlich ist das Zusammenspiel und -wirken aller Genredimensionen dabei immer **Agency-bestimmt**. Spieler*innen können sich – entsprechend der jeweiligen systemmechanischen, fiktionsästhetischen und soziorituellen Rahmenbedingungen des Spiels – dafür entscheiden, Genrekriterien durch ihren Avatar bewusst performativ auszuspielen, selektiv zu ignorieren oder individuell zu interpretieren.

Modelldarstellung 6

> **Zusammenfassung**
>
> Kap. 6 liefert eine Modellskizze und einen dazugehörigen Best-Practice Leitfaden. Angeboten wird eine räumlich-grafische Darstellung der Videospieldimensionen, welche am Beispiel von Bloodborne (FromSoftware 2015) in ihrer Nutzung erläutert wird. Das Spiel wird in einer groben Übersicht präsentiert und anhand seiner Genremarker in den jeweiligen Dimensionen dargestellt. Gleichzeitig soll allerdings darauf verwiesen werden, dass eher ein fluider Gedankenprozess aufgeschlüsselt wird, nicht aber eine fixe Darstellung. In allen Genredimensionen, ihren gegenseitigen Beeinflussungen und ihren gemeinsamen Wirkweisen wird gezeigt, dass normative Unklarheiten und Streitfragen bestehen bleiben. Zudem wird die praktische Einfachheit des Modells ob seiner Komplexität direkt infrage gestellt. Es wird deutlich, dass sich auch das angebotene Modell nicht anmaßt, ein unmögliches Problemfeld aufzulösen, es jedoch einen ansprechenden Ansatz bietet, Videospielgenres grob zu erfassen und Genredimensionen anhand der Komplexitätsfaktoren Katalogisierung, Hybridisierung und Spielerabhängigkeit zu bedenken.

Die systemmechanische, fiktionsästhetische und soziorituelle Genredimensionen eines Videospiels sowie ihre dynamischen Verflechtungen können modellhaft als Würfel dargestellt werden. Über die skizzenhafte Befüllung des Würfels können dann Wirkzusammenhänge visualisiert werden. Um wichtige Eigenschaften des Spieletitels klar sichtbar kenntlich notieren zu können, werden diese Ebenen jeweils ergänzend in zweidimensionaler Form beigefügt (Abb. 6.1).

Diese Form der Darstellung erlaubt eine gedankliche Stütze während der Analyse eines Spiels. Insbesondere für Analytiker, die sich im Vorfeld nicht länger mit dem Medium Videospiel auseinandersetzen konnten ist es an dieser Stelle wichtig zu betonen, dass das längere, eigentätige Erfahren ein essenzieller Bestandteil

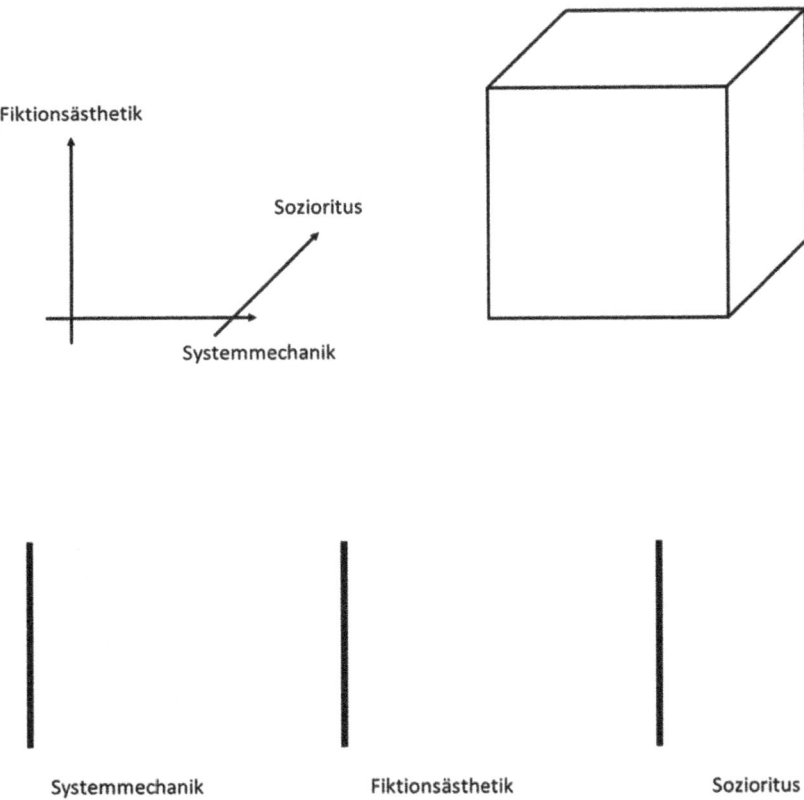

Abb. 6.1 Das drei-Dimensionen-Modell

der Videospielanalyse ist. Erst durch den eigenen Erfahrungshorizont lassen sich mechanische, ästhetische und soziale Zusammenhänge erkennen und damit auch im Modell verzeichnen. Die Visualisierung innerhalb der deklarierten Felder für Genredimensionen erfüllt dabei einen doppelten Zweck: Einerseits macht sie deutlich, welche Genrerepertoires innerhalb der eigenen Spielzeit verzeichnet wurden, gleichzeitig wird durch ihre Auflistung ebenso explizit dargestellt, welche Genrerepertoires in einem Spiel nicht vorhanden sind – beispielsweise, dass eine Multiplayer-Komponente schlichtweg nicht im Spielumfang enthalten ist. Die Befüllung des dreidimensionalen Raums des Würfels fügt dieser Übersicht dann eine zeitkritische Note hinzu. Markiert man sequenziell, welche Genreerfahrungen man während eines Spiels gemacht hat, indem man den Raum zwischen den einzelnen Genrefeldern gemäß der eigenen Erfahrung miteinander verbindet, ergeben sich zudem automatisch relevante Aussagen über relevante Sinnzusammenhänge, häufig empfundene Verbindungen, und dominante Genremomente. Darum ist es auch wichtig, die eigene Spielzeit zu dokumentieren.

Das Modell muss demnach klar als Modell von Skizzenfunktion, nicht von präziser Darstellung verstanden werden. Unumstößliche Aussagen über die genauen Genreverbindungen eines Videospiels zu machen wäre in Anbetracht der Feststellung von Dimensionsfluktuation, Ambiguität, und Genredisposition im Rahmen der spielergeschaffenen Erfahrung, nicht im Sinne einer modellhaften Darstellung. Man kann keine der Dimensionen taxonomisch mit Koordinaten verorten. Es geht eher darum, die Diversität eines Videospiels einzufangen, besonders herausstechende Verknüpfungen der Genredimensionen aufzuzeigen, dominante Genrezentren herauszulesen und darum, auf spezifische besondere Dimensionszusammenhänge innerhalb einer Spielerfahrung deutlich hinzuweisen.

Das drei-Dimensionen-Modell ist ideal, um sich ein grobes Abbild von einem Videospiel zu machen und die wichtigsten Eigenheiten schnell aufzuzeigen, wie sich anhand der Fallbeispiele in diesem Werk gezeigt hat. Im Falle von *Yakuza 6: The Song of Life* würde besonders deutlich die hohe Auflistung mechanischer und ästhetischer Genres in den Vordergrund rücken. Die Dokumentation dieser Spielerfahrung wird sich zwischen vielen mechanischen Ebenen hin und her bewegen und sich dabei immer wieder auf die Genres Beat-em'-Up, Rollenspiel, *ninkyō eiga* und *hômu dorama* einpendeln. Damit wären wichtige Dominanten des Spiels festgehalten. Im Falle von *Dead Space* würde man den starken Fokus auf ein Zusammenspiel weniger in ihrer Wirkung effektiv miteinander verwobener Genredimensionen, sowie einen kompletten Wegfall des Multiplayer-Aspekts bemerken. Dominant wären hier dafür die fiktionsästhetischen Genres Horror und Science-Fiction sowie die systemmechanischen Genres Action und Survival. Im Gegensatz dazu wäre das Schaubild von *The Lord of the Rings Online* im Wesentlichen durch ein ausgeprägtes soziorituelles Feld geprägt, welches sich je nachdem, mit welchen Mitspieler*innen man im Verlauf einer Spielsitzung Verbindungen knüpft, andere spezifische Nuancen hervorheben kann.

Das folgende Anwendungsbeispiel (Abb. 6.2) verdeutlicht die genaue Nutzmöglichkeit des drei-Dimensionen-Modells. Dargestellt ist eine musterhafte Konzeption meiner persönlichen Spielerfahrung des Videospiels *Bloodborne* (FromSoftware 2016).

*Bloodborne*s Systemmechanik erlebe ich unter dem Schlüsselbegriff des Action-Rollenspiel Genres, aber auch im Rahmen zentraler Charakteristiken des

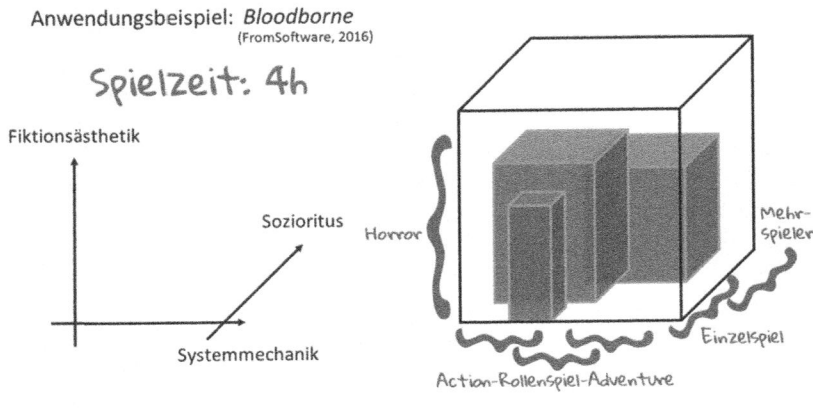

Abb. 6.2 Das drei-Dimensionen-Modell am Beispiel von *Bloodborne*

Adventure Genres auf. Nach einer einführenden Filmsequenz beginnt das Spiel zunächst mit einem für Rollenspiele relevanten Element: Der Erschaffung des Avatars. Neben dem Aussehen der Spielfigur kann man numerisch angegebene Charaktereigenschaften wie Widerstandskraft, Stärke, und Geschicklichkeit beeinflussen. Sie bestimmen das Kampfvermögen des Avatars, etwa wieviel Schaden die Figur macht und welche Waffen sie benutzt. Verlasse ich das Rollenspielmenü und betrete die eigentliche Spielwelt, tritt die Action-Komponente in den Vordergrund. Der Avatar muss eine mit Fallen und Monstern gespickte, labyrinthartig angelegte Stadt durchqueren. Ein schnelles, von actionreichen Kämpfen

6 Modelldarstellung

geprägtes Gameplay ist hier zentral, aber auch typische Merkmale der virtuellen Geografie von FromSoftware Spielen wie die offene Spielewelt, die gruselig mysteriös gestaltet ist und von den Spieler*innen erforscht werden muss.

*Bloodborne*s Fiktionsästhetik wird vornehmlich von filmischen und textuellen Einflüssen des Horrors geprägt. Eingeleitet von einer schauerlichen Einführungssequenz eröffnet sich mir eine Spielgeografie, die von Friedhofsarchitektur und anderen gängigen Stilmitteln des Horrors durchwoben ist. Die Feinde setzen sich zusammen aus generisch wirkenden Horrormonstern wie Werwölfen und mystischen, fremdartigen Kreaturen, deren narrativ begründete Herkunft und außerirdisch-wirkendes Aussehen in meinem ästhetischen Empfinden den Esprit kosmischen Schreckens aus Howard Philip Lovecrafts Werken einfängt. Einige Stilmittel der fiktionsästhetischen Welt, wie die häufig auffindbaren Geheimgänge, erschließen sich mir dabei sowohl als Teil des ästhetischen Gothic-Subgenres als auch von spielmechanischer Relevanz. Auf narrativer Ebene lebt *Bloodborne* von Methoden des enigmatischen Erzählens, welche in starkem Bezug zur geografischen Ausgestaltung der Spiellandschaft stehen. Tropen des unzuverlässigen Erzählens, wie man sie beispielsweise aus Edgar Allan Poes Schauerliteratur kennt, sind typisch für *Bloodborne*.

*Bloodborne*s Sozioritus steht in starker Resonanz zu seiner fiktionalen Stimmung von Fremdheit, Unsicherheit und Bedrohung. Die Interaktion mit menschlichen Mitspieler*innen ist existent, jedoch streng eingeschränkt. Von Journalist Michael McWhertor werden sie in die Kategorien synchroner und asynchroner Multiplayer eingeteilt (2015, n. p.): Mittels spezieller Gegenstände, die ich im Spielverlauf erhalte, kann ich sich sowohl computergesteuerte, aber auch menschliche Spieler*innen in die eigene Spielerfahrung rufen. Andere menschliche Spieler*innen können einem jedoch freundlich oder feindlich gesinnt sein. Ich weiß also nie, ob Freund oder Feind auf den Ruf reagiert. Durch mangelnde Kommunikationsfunktionen – ich habe nur wenige, selten eindeutige Gesten zur Verfügung, die ich meinen Avatar ausführen lassen kann – wird die Skepsis gegenüber anderen Spielfiguren zudem erhöht. Daneben existieren asynchrone Mehrspielerfunktionen, mit denen ich Nachrichten in den Welten anderer Spieler*innen hinterlassen kann. Da sich diese aus vorgefertigten Textbausteinen zusammensetzen müssen, wirken die Nachrichten oft wirr oder doppeldeutig und fügen sich so in die mysteriöse narrative Spielwelt von *Bloodborne* ein. Ich bin jedoch nie gezwungen, die Gegenstände zur Anrufung anderer Figuren zu benutzen und kann *Bloodborne* so auch als reine Einzelspielererfahrung erleben.

Die Facettenkatalogisierung von *Bloodborne* konzentriert sich dominant also um wenige, klar definierbare Konzepte der Systemmechanik, Fiktionsästhetik, und des Sozioritus. In Puncto Dimensionshybridisierung ist ein fließender Übergang diverser eindeutig bestimmbarer, aber konsequent miteinander verknüpfter Horrorgenres festzustellen. Düstere Atmosphäre sowie bestimmte weitere Charakteristiken des Spiels, etwa die schauerliche Spielgeografie und die Kämpfe mit übermenschlichen Feinden wirken mit gemeinsamem Effekt auf die Spielerfahrung. Die sozialen Dimensionen sind teils hybride, teils klar getrennt; es bedarf des zielgerichteten Handelns, um vom Einzel- ins synchrone Multiplayerspiel zu gelangen. Elemente des asynchronen Spiels kann ich jedoch jederzeit in meiner Spielwelt vorfinden. Selbst die asynchronen Mehrspielerelemente könnte ich jedoch aus meiner Spielerfahrung entfernen, würde ich die Spielekonsole nicht mit dem Internet verbinden.

Das Modell erlaubt mir somit, *Bloodbornes* Genredimensionen in seinen dominanten Tendenzen zu umfassen. Auffällig an meiner finalen Dokumentation ist für mich, dass ich ähnliche Modellskizzierungen auch bei den Vorgängerspielen von *Bloodborne* in Spe, den *Dark Souls* Titeln (seit 2012), die ebenfalls Werke des Entwicklerstudios FromSoftware sind erwarten würde. Somit hat die Skizze in ihrer rudimentären Funktion einen Anhaltspunkt, eine Vergleichsbasis und einen Anreiz zur Analyse einer Genrelandschaft geliefert.

6.1 Zusammenfassung

Möchte man das Genre eines Videospieles in seinen drei Dimensionen verorten, kann man es sich als dreidimensionale Struktur innerhalb eines Würfels vorstellen, dessen Achsen für die systemmechanische, fiktionsästhetische und soziorituelle Komponente stehen. Die genaue Befüllung des Würfels richtet sich dann nach der individuellen Spielerfahrung, den selbst getroffenen Handlungsentscheidungen, sowie der Zeit, die man mit einem Spiel verbringt.

▶ Das Modell erhebt keine Ansprüche darauf, die exakte genretaxonomische Struktur eines Videospiels wiedergeben zu können. Die Idee, dass ein Videospiel über eine absolut statische, immanente Genretaxonomie verfügt, widerspricht dem Verständnis von Videospielgenres als dispositiv, ambig und subjektiv.

Die grafische Darstellung verschafft allerdings eine schnelle Übersicht über die wichtigsten Merkmale der Genredimensionen eines Videospiels und deren

6.1 Zusammenfassung

Verschränkungen. Sie hilft, den eigenen Spielverlauf hinsichtlich erfahrener Genredimensionen zu dokumentieren, bemerkenswerte Dominanten, Wirkgefüge und Wechselspiele aufzuzeigen, und so eine höchst persönlich gemachte Genreerfahrung zumindest im Ansatz intersubjektiv kommunizierbar zu machen. Fertige Skizzen können Grundlagen für komparative, historische, oder genrelandschaftsorientierte Forschungen bieten.

Ausblick: Auf dem Weg in die vierte Dimension 7

Zusammenfassung

Kap. 7 bietet neben einem abschließenden Vermerk auch einen schemenhaften Ausblick auf weitere Spannungsfelder in der Erforschung von Videospielgenres. Thematisiert wird die gewaltige Veränderbarkeit, die Videospiele etwa durch Patch-Updates und Modding von aktiven Spielergemeinschaften erfahren. Die Möglichkeit von Fan- und Spielergemeinschaften, Veränderungen an den, von Entwicklerseite aus bereits fertiggestellten, Werken vorzunehmen, ist eine in der Videospielkultur gängige Praxis. Sie verdeutlicht erneut die ungewohnte Wirkmacht von Spielergemeinschaften auf die Genredimensionen eines Grundwerkes.

Mit seinem Latein am Ende entledigt sich Sokrates des *objet ambigu*. Enttäuscht davon, die Geheimnisse des Gegenstandes nicht in eine absolute Lösung formen zu können, wirft er das Ding frustriert zurück ins Meer (Valéry 1991, S. 87–88). Im Falle von Valérys Erzählung ist die Moral der Geschichte eine metaphysische. Sie erinnert uns daran, dass es eine Welt jenseits aller Ergründung gibt, mit der wir einfachen Menschen in Berührung stehen, sie aber dennoch nie ganz verstehen werden können, und dass es Dinge gibt, die unseren Horizont überschreiten. Manches verweigert sich unserem klar definierten Verständnis von Schubladen und Kategorien nicht nur im Sinne der feinsinnigen Wissenschaft, weil ihre Bestimmungscharakteristika nicht trennscharf benannt werden können, sondern auch im Sinne eines gänzlichen, nicht erreichbaren Verständnisses.

Auch die wissenschaftliche Frage nach den Genrebestimmungen in Videospielen bedeutet zwangsweise, mit den Ergebnissen unzufrieden zu sein. Die vorgeschlagenen Taxonomien des Mediums sind, unabhängig von sämtlichen kritischen Mustern traditioneller Genreforschung, entweder zu vage und offen oder zu breit und unspezifisch gewählt oder, im Falle des Videospiels, scheinen sie nach so unterschiedlichen Mustern zu verfahren, dass sie schlicht nicht gemeinsam zu verstehen sind. Der Ansatz des *objet ambigu* ist zwar eine gelungene Denkfigur zur Vereinigung aller amorphen, widerspenstigen und widersprüchlichen Attribute, doch bleibt damit am Ende nur die Erklärung einer Ansammlung – jedoch keine elegante Methode, sich dieser analytisch anzunähern.

Die Taxonomie des Videospiels, in dem sich all diese Bezüge vereinen, bleibt eine unmögliche. Um sich der Idee von Videospielgenres anzunähern, kann das drei-Dimensionen-Modell ein erster Schritt sein. Es lenkt den Blick ab von den bekannten und analysierbaren Genrerepertoires und hin zu den Funktionen, welche im Videospiel einzigartig miteinander in Verbindung stehen. Es zeigt uns Repertoires, die sich aufeinander beziehen, die sich gegenseitig beeinflussen und die, letzten Endes, immer von der fiktional und mechanisch eingebetteten Art ihrer Spielenden abhängig sind. Es lenkt das analytische Augenmerk auf die Wirkweisen von Genres in temporaler Abhängigkeit und Beteiligung der Spieler*innen sowie auf den Kontrakt zwischen Spiel und Spieler*innen bezüglich Genres und sucht damit einen ganz neuen ‚Origin of Genres' im Todorovschen Sinn. Gleichzeitig ist es aber auch von den Problemen geprägt, an denen schon seine Vorgängermodelle gescheitert sind. Es verwendet ein Füllhorn bereits gängig genutzter Begriffe mit all ihren Abhängigkeiten. Reden wir beispielsweise über Perspektive, bleibt zu entscheiden, ob eine Spielmechanik oder eine ästhetische Entscheidung gemeint ist. Das drei-Dimensionen-Modell öffnet den Blick auf ein dispositives Medium der Genremöglichkeiten, fußend auf der Notwendigkeit von etablierter Genreverständnisse als unüberwindbare Illusion (vgl. Peckham 1991). Allerdings sind Genres nicht nur eine illusorische Krücke sondern, wie Carolyn Miller beschrieb, auch immer Ausdruck der kulturellen Ratio unserer Zeit:

> We learn, more importantly, what ends we may have: we learn that we may eulogize, apologize, recommend one person to another, instruct customers on behalf of a manufacturer, take on an official role, account for progress in achieving goals. ... For the critic, genres can serve both as an index to cultural patterns and as tools for exploring the achievements of particular speakers and writers; for the student, genres serve as keys to understanding how to participate in the actions of a community. (1984, S. 165)

Demzufolge ist es logisch, auch Videospielgenres in all ihrer taxonomischen Komplexität und unfassbaren Veränderlichkeit als ein implizites Statement über die Wirkweisen unserer heutigen Lebenswelt zu verstehen. Auch wenn der passive Medienkonsum von Buch, Zeitung, Film und Fernsehen in unserem Alltag noch einen festen Platz hat – und wohl auch immer behalten wird, da neue Medien nur sehr selten ihre Vorgänger komplett ablösen – etablieren sich moderne digitale Medien wie das Videospiel in ihren eigenen Nischen. Sie sprechen für den Drang einer Generation, die ihre eigenen Geschichten erleben und ihre eigenen Abenteuer bestreiten möchte (Egenfeldt-Nielsen et al. 2016, S. 7–8). Die Ratio unserer Zeit ist das Spiel (Freyermuth 2015, S. 15 nach Chaplin 2013).

Das Spielerische ist damit auch die entscheidende Krux in den kritischen, gattungstheoretischen Aspekten des Videospiels, denn die Verspieltheit unserer Zeit bedeutet weit mehr als eine Affinität zum Interaktiven. Im Kern impliziert der Begriff des Spielerischen einen Mangel von Striktem sowie eine Freiheit von und gegenüber Gebundenheit und Konformität. Dieses können wir nun auf zweierlei Arten als maßgeblich auf das Videospiel wirkend verstehen. Der Begriff spricht für ein spielerisches Verständnis, nach dem Probleme und Herangehensweisen kreativ angegangen und gelöst werden. Des Weiteren ist das Verspielte kein alleinig werkimmanentes Attribut – es entspringt dem Sinn und manifestiert sich durch im aktiven Handeln der Spieler*innen. Über vielzählige Arten des Eingriffs in die Substanz beeinflussen Spiele-Communities das kulturelle Artefakt Videospiel und bescheren der Frage danach, was Videospielgenres genau sein können, eine entscheidende Note – ohne dabei zu verleugnen, dass noch andere Folgefragen verbleiben.

Es steht beispielsweise noch nicht fest, wie in der Analyse von Videospielgenres mit Moddingkulturen umgegangen werden soll. Mods – substanzielle technische Manipulationen eines Spiels – sind ein essenzieller Bestandteil der Computerspielkultur und beschreiben, wie Fans eigene Tools anwenden, um Videospiele inhaltlich anzupassen oder zu verändern (Kücklich 2005, n. p.). Modifizierte Inhalte gibt es wohl auch im Film und im Text, beispielsweise als modifizierte Fan-Schnittfassungen von den Star Wars Filmen (Hutchinson 2016, n. p.), in denen Farbwerte verändert und Szenen neu angeordnet oder ausgelassen werden. Doch auch wenn es diese Modifizierungen auch in anderen Bereichen gibt, bleiben sie Ausnahmeerscheinungen des Mediums. In der Videospielszene wiederum sind Moddingpraktiken fester Bestandteil einer lebendigen, partizipativen Spielkultur. Spiele werden nicht bloß modifiziert, sondern entstehen teilweise sogar erst durch den Enthusiasmus der Moddingszene. Titel wie *Counter Strike* oder *Dear Esther* sind Videospiele, die ursprünglich als Modifikationen des Spiels *Half-Life 2* (Valve Corporation 2004) entstanden sind. Auf Grundlage des Source Codes – der originalen Programmierung – von *Half-Life 2* entwickelten engagierte Modder vollkommen neue, in sich abgeschlossene kulturelle Artefakte, die mit einem teils völlig neuen, eigenständigen Repertoire an Genreattributen ausgestattet sind.

Abb. 7.1 Genremanipulation durch Modding: eine Science-Fiction-Figur in *Darkest Dungeon* (Red Hook 2016. Eigener Screenshot)

Damit wird klar, dass eine Analyse von Videospielgenres noch viel mehr veranschaulichen muss als die reine intradiegetische Abhängigkeit. Auch die Einflüsse extradiegetischer Manipulation des Artefakts Videospiel können die Spielerfahrung mitbestimmen. Als Beispiel hierfür kann erneut *Darkest Dungeon* dienen, welches bereits in Abschn. 3.5 kurz angesprochen wurde. Alle grafischen Inhalte sind in den Systemordnern des Spiels zugänglich und können über Bildbearbeitungsprogramme verändert werden. Die Fancommunity des Spiels nutzt diese Gelegenheit, um Spielinhalte zu verändern und mit anderen Spieler*innen zu teilen (Abb. 7.1).

Das Mod ,Space Bounty Hunter Skin' modifiziert etwa das Aussehen der Spielfigur ,Bounty Hunter' (Sharpedo-Dressed Man 2019). Anstelle der Fantasy-Spielfigur mit Ketten- und Lederrüstung kann nun über die Skin-Auswahl im Spiel eine an die Figur Boba Fett aus dem *Star Wars*-Universum erinnernde Erscheinung gewählt werden. Sie trägt einen futuristisch anmutenden Helm und schlägt statt mit einer Axt aus Holz und Metall mit einer rot leuchtenden Energie-Axt zu. Spielmechanisch hat sich durch diese Modifizierung nichts geändert. Die Angriffe des futuristischen Bounty-Hunters sind noch die gleichen, auch der Schaden, den er mit der Axt verursachen kann, ist identisch. Allerdings bringt er nun eine typische Science-Fiction Ästhetik in die düstere Fantasy-Welt des Spiels. De facto erschafft das Mod so einen Hybrid in der fiktionsästhetischen Genredimension.

In anderen Titeln hat die Moddingkultur noch weitreichendere Einflüsse demonstriert. *The Elder Scrolls V: Skyrim* von Bethesda (2011) ist beispielsweise bekannt für eine große und besonders aktive Modding-Kultur, die dem Titel auch Jahre nach seiner Erstveröffentlichung noch Inhalte hinzufügt. Aufgrund der engen Zusammenarbeit des Entwicklerstudios mit der Modding-Kultur, die interessierten Hobbyentwicklern Zugang zu mächtigen Design Tools verschafft, können dem Spiel somit weit mehr als nur optische Veränderungen hinzugefügt werden. Aufgrund dieser Möglichkeiten konnte unter anderem ein funktionierendes Steampunk-Motorrad in die Welt von *The Elder Scrolls V: Skyrim* integriert werden (Ruppert 2019, n. p.). Dieses erweitert die fiktionsästhetische Dimension, ähnlich wie der ‚Bounty Hunter' Mod in *Darkest Dungeon,* um eine dem Science-Fiction Genre bekannte Trope. Gleichzeitig bietet das Motorrad auch eine spielmechanische Veränderung, denn mit dem Gegenstand sind Spieler*innen dazu in der Lage, die weitläufige Welt von Skyrim schneller zu erkunden als mit einem Pferd. Fiktionsästhetik und mechanische Attribute der Modifikation stehen hier also in direktem Bezug zu einander. Zudem sind es erneut die Spieler*innen, die entscheiden können, ob diese Komponente de Erfahrung von *The Elder Scrolls V: Skyrim* hinzugefügt werden soll oder nicht.

Es kann auch passieren, dass die Entwickler selbst Genreaspekte in einer Spielwelt implementieren, diese für den endgültigen Verkauf aber wieder entfernen – also auf der CD lassen, aber für Spieler*innen nicht zugänglich gestalten. Findige Spieler*innen sind dann in der Lage, diese eigentlich schon im Code enthaltenen Aspekte einem Spiel nachträglich wieder zuzufügen. So geschehen etwa im Falle des berüchtigten ‚Hot Coffee' Mod des Spiels *GTA San Andreas* (Rockstar North 2004). 2005 lösten Spieler*innen einen Skandal aus, indem sie im Programmcode des Spiels die Möglichkeit fanden, die Hauptfigur CJ über ein basales Minispiel mit anderen Nichtspielerfiguren Geschlechtsverkehr haben zu lassen (cf. Thorsen 2005, n. p.). Diese Option war nur möglich, da die Mechanik offensichtlich schon im Programmcode enthalten war (Russell 2005, n. p.), auf dem Datenträger jedoch nicht zugänglich gemacht wurde. Eigentlich müssten in der Analyse von Videospielgenres auch Perspektiven des Archeogamings (etwa nach Reinhard 2018) berücksichtigt werden.

All diese Beispiele rufen nochmals die Bedeutung des Mediums Videospiel zur kreativen Selbstverwirklichung in Erinnerung, welche das Videospiel seit seiner ersten Konzipierungen geprägt haben. Was wir heutzutage oft mit der großen Unterhaltungsindustrie und damit wirtschaftlich schwergewichtigen, großen Entwicklerteams verbinden, begann als elektronisch-emanzipatorische Querele. Weltweit entstanden die ersten Videospiele, gar Videospielszenen, durch die Pioniergespüre einzelner Personen oder kleiner Gruppen. Sie entstanden nach

Veranstaltungsende in Universitäten, in Garagen(firmen) oder heimischen Schlafzimmern (beschrieben, unter anderem, in Baer 2001, S. ix–xvi; Wade 2016, S. 52–76). Aus Modding entstandene Titel wie die besagten *Counter Strike* und *Dear Esther* sprechen für eine nach wie vor starke, wenn auch vielleicht unbewusste Einflussnahme kleiner, innovativer Konstellationen auf große Spielgenres. In den oft Genregrenzen neu definierenden oder sprengenden Titeln verdeutlichen sich wahrlich die Potenziale der offenen Videospielkultur (Salen und Zimmerman 2004, S. 554).

Das Prinzip der Selbstverwirklichung in der virtuellen Welt ist in manchen Spielen derweil sogar schon zum Leitmotiv geworden. Spiele wie *Minecraft* (Mojang 2011) bieten virtuelle Sandbox-Erfahrungen, in denen Spielziele zwar vorhanden sind, jedoch weit hinter dem Gestaltungswunsch der Spieler*innen anstehen. Eine Annäherung über das drei-Dimensionen-Modell ist hier möglich, stößt aber schnell an ihre Grenzen. Spiele wie *Minecraft* stellen für das Modell, gar das Verständnis von Genres generell vor eine schwierige Probe. Sie sind virtuelle Kreativräume und können de facto alles sein, was sich durch Spielerkreativität darin erschaffen lässt. Ein Kreativraum, in dem die Genredimension des Sozioritus als Portal für alle anderen Dimensionen gelten könnte. Was tun, wenn die generische Erfahrung des Selbst vorherrschend vor den Genreerfahrungen steht?

Und was, wenn die Genrelogik des Videospiels, ursprünglich stark beeinflusst durch das Medium Film, sich nun wiederum stilistisch in Filmen niederschlägt? Dass sich das zeitgenössische Kino sowohl inhaltlich als auch ästhetisch mit zunehmender Beliebtheit am Videospiel bedient, ist wahrlich kein Geheimnis mehr (vgl. u. a. Rauscher 2015a; Stiglegger 2015), doch bleibt die Frage der Genre-Wechselwirkung eine spannende für die Antizipation zukünftiger filmischer Entwicklungen. Wie Stiglegger betont, bestimmen *worldbuilding*-Methoden digitaler Spielräume zunehmend auch die fantastischen Schauplätze auf unseren Kinoleinwänden mit – und wirken dabei wohl zunehmend weniger befremdlich auf ihre Zuschauer (2015, S. 113). Auch die extra-mediale Wirkkraft der Videospielgenres auf die traditionell etablierten Gattungen anderer Medien sollte also, neben dem neuerlichen Verständnis der intra-medialen Fluidität und Ambiguität, mit Spannung verfolgt werden.

Dass die Genres, Genrefelder, Genrerepertoires oder Dimensionen immer engmaschiger miteinander verwoben sind, ist bereits für das Modell eine Herausforderung und wird für die Zukunft des durch rasenden technologischen Wandel bestimmten Mediums nur noch schwieriger. Im Videospiel bedeutet das einen Kataklysmus. Dabei ist es erneut die Technik, die als treibender Faktor die immer komplexere Verschmelzung von Videospielgenres verantwortlich erzeugt. Relevante Schlagworte der letzten Jahre sind die Technologien des Augmented Reality und der Virtual Reality, welche die Welt der Spiele immer mehr in unsere Realität eintauchen lassen und Spieler*innen mit immer intensiveren Immersionserfahrungen aus ihrer konkreten Realität herausholen und in ein Spiel einbetten. Während Augmented Reality Spiele wie *Pokémon Go* (Niantic 2016) Smartphones dazu benutzen, die reale Welt durch den Monitor mit virtuellen Inhalten zu bevölkern, binden Virtual Reality Titel wie *Déraciné* (FromSoftware 2018) Spieler*innen immer stärker in die virtuelle Welt ein, in dem sie die Wahrnehmung der äußeren, konkreten Realität durch die blickdichte VR-Brille, Kopfhörer und den haptischen Input zweier Motion-Controller auf ein Minimum reduzieren. Hier ist es nicht nur das System, das Symbol oder das Soziale, sondern das gesamte Spielerlebnis, dass sich holistisch zu verändern scheint. Wo virtuelles und konkretes sich vereinigen, rückt das komplexe Sein in den Vordergrund: die Erfahrung, die sich nicht mehr sinnig zwischen Spiel- und Welterfahrung trennen lässt. Und wie würde man die menschliche Erfahrung an sich in Genres fassen wollen?

Eine Lektüre über Genres und Genreordnung provoziert unabdingbar kritische Feststellungen und weitere Fragen. Nachfolgende Überlegungen können für die weitere eigenständige Rezeption von Genretexten und Analyse von Videospielen bedeutsam sein.

- Wie lassen sich die subjektiven Erfahrungen des Videospiels kommunizieren oder im Rahmen des drei-Dimensionen-Modells skizzenhaft kategorisieren?
- Welche Videospiele stellen eine Herausforderung für das drei-Dimensionen-Modell dar, und aufgrund welcher Genrekomponenten?
- Welche technischen Weiterentwicklungen werden zukünftig den Genrereichtum der Videospiele mitbestimmen?

Glossar*

Action Kennzeichnend für Actionspiele ist eine Konfliktorientierung. Um die vom Spiel gestellten Herausforderungen zu überwinden wird ein hohes Maß an Reaktionsvermögen und Hand-Augen-Koordination vorausgesetzt. Entsprechend ist das Gameplay von Actionspielen charakteristisch schnell und hektisch.

Adventure Erkundung und Entdeckung bestimmen Adventurespiele. Dafür können von Spielern Geschicklichkeit, aber auch das Lösen von Rätseln abverlangt werden. Oft sind diese Erkundungsräume narrativ relevant eingebettet.

Battle Royale Spielgenres, in denen mehr als zwei Spieler (beziehungsweise mindestens ein menschlicher Spieler und zwei computergesteuerte Gegner) gemäß des Prinzips Alle-gegen-Alle gegeneinander antreten. Der letzte verbleibende Spieler oder das letzte verbleibende Spielerteam sind die Gewinner. Die Bedeutung der Spielgeografie als ludischer Arena ist in diesem Genre besonders deutlich

Beat-em'-Up Oft als Subgenre von Actionspielen gelistet. Im Mittelpunkt stehen Konflikte, die im Faust- oder Nahkampf entschieden werden müssen.

---

*Das vorliegende Glossar bietet eine Übersicht über Videospielgenres, wie sie im alltäglichen Gebrauch, beispielsweise der journalistischen Berichterstattung, Verwendung finden. Er ist damit nicht als Angebot einer beständigen Genretaxonomie zu verstehen – was dem Wesen dieses Werks widersprechen würde – sondern als ein Produkt der real stattfindenden Verwendung von Begriffen. Da sich der generelle Austausch über die audiovisuellen Komponenten von Videospielen noch sehr stark am Film- und Fernsehjargon orientiert, als allgemein vertraut gesehen werden kann, fokussiert sich das Glossar rein auf Spielmechanische Genrebeschreibungen – auch wenn, wie im Folgenden ersichtlich wird, eine spielmechanischen Genrebezeichnung oft auch Audiovisuelle Erwartungen anklingen lässt. Kombinationen aus den hier genannten Begriffen (z. B. Action-Rollenspiel) oder mechanischen und ästhetischen Begriffspaaren (z. B. Survival-Horror) sind gängig.

Von entscheidender Bedeutung sind die Reaktionsfähigkeit der Spieler, um mit gezielten Eingabekombinationen anzugreifen oder gegnerische Angriffe zu blocken.

Bullet Hell Typisch zweidimensionale Spiele, in denen der Avatar von vielen Seiten beschossen wird und den Projektilen ausweichen muss. Gerade in der japanischen Tradition des Genres, das dort *danmaku* genannt wird, bedeutet dies oft ein frenetisch schnelles Gameplay, das extreme Geschicklichkeit erfordert.

Casual Dieses Genre ist nicht über seine Spielmechaniken, sondern deren Zugänglichkeit definiert. Casual Spiele sind oft Puzzle, Rätsel oder Jump-and-Run Spiele, die einfach zu erlernen und auch in kleinen Zeiteinheiten sinnvoll zu spielen sind. Damit sind sie einer breiten Zielgruppe zugänglich.

First-Person Shooter Ein Subgenre des Actionspiels, dass aufgrund der Vielzahl von Spielen, die ihm zugeordnet werden, oft separat aufgeführt wird. Die Spielewelt wird in diesem Genre durch die Augen des Avatars wahrgenommen (daher das First-Person, oder auch ‚Ego' Shooter). Spielmechaniken drehen sich primär um das Zielen und Schießen und erfordern Hand-Augen Koordination und Reaktionsvermögen.

Jump-and-Run Der Name des Genres bezieht sich direkt auf seine zwei Hauptmechaniken: Springend und laufend/rennend muss ein Avatar durch eine Spielgeografie bewegt werden. Im Verlauf der historischen Entwicklung des Genres haben sich sowohl 2D als auch 3D Jump-and-Run Spiele gleichermaßen etabliert.

Management Oft als Subgenre des Strategiespiels gelistet. Managementspiele drehen sich um die effiziente Ausnutzung von Ressourcen, strategische Planung und zeitkritische Organisation. Die genaue Auslegung dieser Faktoren ist von ihrer narrativen Einbettung abhängig. Ein Fußballmanager könnte sich demnach um finanzielle Ressourcen und den strategischen Erwerb und Einsatz von Spielern mit unterschiedlichen Charakteristiken drehen, während ein Raumschiffmanager den möglichst ökonomischen Einsatz von Treibstoff oder Reisezeit beinhalten könnte.

Metroidvania Ein *Portmanteau* aus den Videospielserien ‚Metroid' und ‚Castlevania', aus deren spezifischen Spielmechaniken sich das Genre entwickelte. Metroidvania-Spiele ist die 2D Grafik in der oft großflächige, labyrinthartige Spielgeografien angelegt sind. Diese müssen von den Avataren auf der Suche nach neuen Arealen oft mehrfach durchschritten werden.

MMORPG Akronym für Massively Multiplayer Online Role-Playing Game. Ein Rollenspiel, dessen besonderer Reiz in seiner Mehrspieler-Rahmung liegt.

Große MMORPGS verbinden tausende Spieler synchron in einer Spielgeografie. Neben typischen Aufgaben des Rollenspiels wie der Gestaltung des Avatars und dem Sammeln von Erfahrungspunkten ist hier die Interaktion mit anderen menschlichen Spielern ein zentraler Spielbestandteil.

Point-and-Click Ein subgenre des Adventure-Spiels. Point-and-Click Spiele setzen sich oft aus einer vielzahl statischer Einzelbilder zusammen die, um ans Spielziel zu gelangen, mit der Maus auf Interaktionsmöglichkeiten durchsucht (point) und in der richtigen Reihenfolge über einen Eingabebefehl genutzt (click) werden müssen. Oftmals müssen Spieler in den visuell dichten Einzelbildern nach bestimmten Objekten suchen, welche in der richtigen Art und Sequenz mit einander kombiniert werden müssen, um Rätsel zu lösen.

Rail-Shooter Ein Subgenre des First-Person Shooters. Während die Perspektive und Zielprämisse des Shooters erhalten bleiben, werden den Spielern andere Mechaniken der Avatar-Bewegung entzogen. Wie auf Schienen bewegt sich der Avatar auf einer festgelegten Route durch die Spielgeografie, den Spielern bleiben als einzige Möglichkeiten des Handelns das Zielen und Schießen.

Rogue-Like Rogue-Like Spiele werden oft als Subgenre des Adventures oder Rollenspiels gesehen. Charakteristisch für das Genre ist ein hoher Anteil variabler, prozeduraler Strukturen. Spielgeografien, die Positionen computergesteuerter Feinde und Gegenstände, die gesammelt werden können, werden zufällig generiert und platziert, um den Spielern konsequent neue Gameplay-Situation zu bieten. Oft wird auch der ‚Permadeath' als essenzielles Attribut von Rogue-Likes gehandelt. Wird der Avatar im Verlaufe des Spiels ausgeschaltet, müssen Rogue-Likes oft mit einem neuen Avatar gespielt oder gar komplett neu begonnen werden.

Sandbox Ein Genre, in dem ein breites Spektrum unterschiedlicher Spielmechaniken und Möglichkeiten der kreativen Gestaltung geboten werden. Spielziele sind oft vielseitig oder treten komplett hinter den freien Entfaltungsmöglichkeiten der Spieler zurück. Aufgrund der allgemeinen Genrehybridität vieler aktueller Titel werden Videospiele selten als reine Sandbox-Spiele bezeichnet. Vielmehr wird das Label ‚Sandbox' als charakteristisches Feature anderer umfangreicher Videospiele genannt, die beispielsweise von Vertriebsseite einem anderen Genre zugeordnet werden.

Serious Games Ein diffuser Sammelbegriff der dennoch regelmäßig als eigene Genrekategorie geführt wird. Serious Games sollen Spiele sein, die nicht auf Unterhaltung ausgelegt sind, sondern ernsthafte Materie zum Nachdenken bieten wollen. Spiele mit explizit pädagogischem Charakter werden oft pro forma als Serious Games gehandelt. Aufgrund der hohen Subjektivität der Bedeutung von Unterhaltung steht der Begriff der Serious Games oft in der Kritik. Er unterstellt Videospielen, die der generellen Unterhaltungsindustrie entspringen, sie könnten nicht zum tiefgehenden Nachdenken anregen.

Simulation Ein Genre, dass eine möglichst korrekte Darstellung der Realität wiedergeben möchte – es sind jedoch auch Simulatoren in fiktiven Szenarien denkbar insofern sie dem Ziel nachstreben, etwas darstellen zu wollen, ‚wie es in Realität funktionieren könnte' (etwa im Falle von Raumschiffsimulationen) Da Videospiele Handlungsabläufe des echten Lebens nur über Eingabegeräte wie Maus und Tastatur nachahmen können, wird die vermeintlich realitätsnahe Darstellung oft im Sinne eines großen Detailreichtums und der Exaktheit von Spielmechaniken interpretiert.

Strategie Strategiespiele stellen ihre Spieler vor logische und taktische Herausforderungen. Diese können im Sinne militärischer Strategie konfliktorientiert oder, etwa im Sinne ökonomischer Herausforderungen, problemorientiert sein. Generell unterscheidet man zwischen Echtzeit- und Rundenstrategiespielen. In ersterem Subgenre finden Spielhandlungen zwischen Spieler und Computer (oder menschlichem Kontrahenten) synchron statt, was den Fokus auf zeitkritisches Handeln legt. In letzterem Fall spielt Zeitdruck oft keine kritische Rolle und der Fokus liegt auf strategisch klugem Handeln.

Survival Oft von einem hohen Schwierigkeitsgrad gezeichnet, steht in diesem Genre das narrativ eingebundene Überleben des Avatars im Vordergrund. Damit ist nicht nur der Kampf gegen Feinde, sondern in erster Linie das Bestehen von Aufgaben gemeint, die einen urtümlichen Kampf gegen die Spielgeografie simulieren sollen – beispielsweise das Sammeln von Nahrung oder das Suchen von Schutz vor Witterungsverhältnissen. Das Handlungsvermögen das Avatars ist zudem oft eingeschränkt, um dessen Hilflosigkeit gegenüber den Spielgegebenen Herausforderungen des Überlebens zu betonen.

Rollenspiel Typische Charakteristika des Rollenspiels ist der Fokus auf Charakterentwicklung. Der Avatar kann entweder detailreich nach eigenen Vorstellungen gestaltet werden oder ist eine festgeschriebene Figur mit tiefgreifender Hintergrundgeschichte. Über das Sammeln von Erfahrungspunkten, die man für das Besiegen von Feinden oder Lösen von Quests erhält, wird der Avatar im Spielverlauf verbessert.

Run-and-Gun Ein Genrehybrid aus Shooter und Jump-and-Run Elementen. Spieler müssen ihren aus der Third-Person Perspektive gesehenen Avatar durch eine für Jump-and-Run Spiele typischen Spielgeografie springen und rennen lassen, während sie sich schießend gegen Feinde zur Wehr setzen.

Walking Simulator Ein Spielgenre, dessen zentrale Charakteristiken die First-Person Perspektive sowie der restriktive Umgang mit Interaktionsmöglichkeiten ist. Als Designprämisse steht der Wirkeffekt des bedeutsamen, sinnhaften

Durchwanderns virtueller Landschaften im Vordergrund. Das Gameplay von Walkingsimulatoren ist zumeist ruhig und meditativ. Interessanterweise entwickelte sich das Genre von seiner systemmechanischen Konzeption her ursprünglich aus Modding-Experimenten mit First-Person Shootern.

Literatur

„Yakuza 6: The song of life." *Yakuza.Sega.* https://yakuza.sega.com/yakuza6. Zugegriffen: 7. Juli 2019.

„How it works." *video game canon.* https://www.videogamecanon.com/. Zugegriffen: 29. Juni 2019.

„,Best games' lists." *video game canon.* https://www.videogamecanon.com/lists/. Zugegriffen: 29. Juni 2019.

Aarseth, Espen J. 2004a. Genre trouble: Narrativism and the art of simulation. In *First person: New media as story, performance, and game*, Hrsg. N. Wardrip-Fruin und P. Harrigan, 45–55. Cambridge: MIT Press.

Aarseth, Espen J. 2004b. Quest games as post-narrative discourse. In *Narrative across media: The Languages of storytelling*, Hrsg. M.-L. Ryan, 361–376. Lincoln: University of Nebraska Press.

Aarseth, Espen J., Solveig M. Smedstad, und Lise Sunnanå. 2003. *A multi-dimensional typology of games.* In DiGRA'03 – Proceedings of the 2013 DiGRA international conference: Level up. http://www.digra.org/wp-content/uploads/digital-library/05163.52481.pdf. Zugegriffen 1. Juli 2019.

Abrams, Meyer H. 1999. *A glossary of literary terms.* Boston: Heinle & Heinle.

Ackermann, Judith. 2015. Digital games und hybrid reality theatre. In *New Game Plus. Perspektiven der Game Studies. Genres – Künste – Diskurse*, Hrsg. B. Beil, G. S. Freyermuth, und L. Gotto, 63–88. Bielefeld: transcript.

Adams, Ernest. 2009. The designer's notebook: Sorting out the genre muddle. *Gamasutra.* https://www.gamasutra.com/view/feature/132463/the_designers_notebook_sorting_.php?page=1. Zugegriffen: 29. Juni 2019.

Adams, Gloria. 2017. *Violent video games and society.* Farmington Hills: Greenhaven Publishing.

Alexander, Christopher. 2004. „Selfconscious and unselfconscious cultures." Wordpress. Gepostet von Cousins, Benjamin: 1. April 2014. https://benjaminjcousins.wordpress.com/2014/04/01/selfconscious-and-unselfconscious-cultures/. Zugegriffen: 1. Juli 2019.

Alpert, Frank. 2007. The entertainment software industry: Suddenly huge, little understood. *Asia-Pacific Journal of Marketing and Logistics* 19 (1): 87–100.

Altman, Rick. 1999. *Film/genre.* London: British Film Institute.

Apperley, Thomas H. 2006. Genre and game studies: Toward a critical approach to video game genres. *Simulation & Gaming* 37 (1): 6–23.

Arjoranta, Jonne, und Marko Siitonen. 2018. Why do players misuse emotes in hearthstone? Negotiating the use of communicative affordances in an online multiplayer game. *Game Studies* 18 (2). https://gamestudies.org/1802/articles/arjoranta_siitonen. Zugegriffen: 30. Juni 2019.

Arsenault, Dominic. 2009. Video game genre, evolution and innovation. *Eludamos. Journal for Computer Game Culture* 3 (2): 149–176.

Ascher, Franziska. 2014a. Die Narration der Dinge Teil I – Items. *Paidia*. https://www.paidia.de/die-narration-der-dinge-teil-i-2/. Zugegriffen: 6. Juli 2019.

Ascher, Franziska. 2014b. Die Narration der Dinge Teil II – Environmental Storytelling. *Paidia*. https://www.paidia.de/die-narration-der-dinge-teil-2/. Zugegriffen: 6. Juli 2019.

Askehave, Inger, und Anne E. Nielsen. 2005. Digital genres: A challenge to traditional genre theory. *Information Technology and People* 18 (2): 120–141.

Backe, Hans-Joachim. 2008. *Strukturen und Funktionen des Erzählens im Computerspiel*. Würzburg: Königshausen und Neumann.

Backe, Hans-Joachim. 2010. Medialität und Gattung. In *Handbuch Gattungstheorie*, Hrsg. R. Zymner, 105–107. Stuttgart: Metzler.

Baptista, Ricardo, António Coelho, und Carlos V. D. Carvalho. 2016. Relation between game genres and competences for in-game certification. In *Serious games, interaction, and simulation*, Hrsg. C. Vaz de Carvalho, P. Escudeiro, und A. Coelho, 28–35. Cham: Springer.

Baumann, Michael. 2016. Spieler vs. Spielfigur? Zu Entscheidungssituationen in The Witcher. *Paidia*. https://www.paidia.de/spieler-vs-spielfigur-zu-entscheidungssituationen-in-the-witcher/. Zugegriffen: 6. Juli 2019.

Baßler, Moritz. 2010. Gattungsmischung, Gattungsübergänge, Unbestimmbarkeit. In *Handbuch Gattungstheorie*, Hrsg. R. Zymner, 52–52. Stuttgart: Metzler.

Batchelor, James. 2018. Global games market value rising to $134.9bn in 2018. *gamesindustry*. https://www.gamesindustry.biz/articles/2018-12-18-global-games-market-value-rose-to-usd134-9bn-in-2018. Zugegriffen: 6. Juli 2019.

Beale, Walter. 1987. *A pragmatic theory of rhetoric*. Lincoln: Southern Illinois University.

Bear, Ralph H. 2001. Foreword. In *The medium of the video game*, Hrsg. Mark J. P. Wolf, ix–xvi. Austin: University of Texas Press.

Beil, Benjamin. 2012. Genrekonzepte des Computerspiels. In *Theorien des Computerspiels: zur Einführung*, Hrsg. GamesCoop. Hamburg: Junius.

Beil, Benjamin, Gundolf S. Freyermuth, und Lisa Gotto (Hrsg.). 2015. *New Game Plus. Perspektiven der Game Studies. Genres – Künste – Diskurse*. Bielefeld: transcript.

Beil, Benjamin. 2015. Game Studies und Genretheorie. In *Game Studies. Aktuelle Ansätze der Computerspielforschung*, Hrsg. K. Sachs-Hombach und J. Thon, 29–69. Köln: Herbert von Halem.

Bernhard, Siegert. 2010. Eupalinos, or the master shipwright: The threshold between land and sea as a design tool. *Configurations* 18: 421–439 (Baltimore: John Hopkins University Press).

Biasi, Marcella. 2015. Hans Blumenbergs „Objet ambigu" und Giorgio Agambens „Dispositiv". Kongruenz zweier poetologischer Paradigmen in der Sprache der Lyrik. *Studia Theodisca* XXII: 79–102.

Bode, Christoph. 2005. *Der Roman.* Tübingen: A. Francke.
Boelmann, Jan M. 2015. *Literarisches Verstehen mit narrativen Computerspielen: Eine empirische Studie zu den Potenzialen der Vermittlung von literarischer Bildung und literarischer Kompetenz mit einem schüleraffinen Medium.* München: kopaed.
Bogost, Ian. 2005. Procedural literacy: Problem solving with programming, systems, & play. *Telemedium* Winter/Spring: 32–36.
Bolter, Jay D., und Richard Grusin. 2000. *Remediation. Understanding New Media.* Cambridge: MIT Press.
Bopp, Matthias, Rolf F. Nohr und Serjoscha Wiemer, (Hrsg.). 2009. *Shooter. Eine Multidisziplinäre Einführung.* Münster: Lit.
Bordwell, David, und Kristin Thompson. 2010. *Film art. An introduction.* New York: McGraw-Hill.
Borges, Jorge Luis. 2007. *Inquisitionen. Essays 1941–1952.* Frankfurt a. M.: Fischer Taschenbuch.
Brown, Gordon, und David King. 2012. Facilitating open plot structures in story driven video games using situation generation. In *Proceedings of GAMEON 2012: 13th International Conference on Intelligent Games and Simulation*, Hrsg. A. J. Fernandez-Leiva, C. C. Porras, & R. L. Cabrera, 34–40. Malaga: EUROSIS.
BMBWF (Bundesministerium für Bildung, Wissenschaft und Forschung). 2012. Grundsatzerlass Medienerziehung. https://bildung.bmbwf.gv.at/ministerium/rs/2012_04.pdf?6cczln. Zugegriffen 6. Juli 2019.
Calleja, Gordon. 2011. *In-game: From immersion to incorporation.* Cambridge: MIT Press.
Carbo-Mascarell, Rosa. 2016. *Walking simulators: The digitisation of an aesthetic practice.* In 1st international joint conference of DiGRA and FDG, Dundee, 1–6 August. http://www.digra.org/wp-content/uploads/digital-library/paper_66.pdf. Zugegriffen 1. September 2020.
Carr, Diane. 2014. Ability, disability and dead space. *Game Studies* 14 (2). https://gamestudies.org/1402/articles/carr. Zugegriffen: 30. Juni 2019.
Carr, Gemma, Daniel P. Loucks, und Günter Blöschl. 2018. Gaining insight into interdisciplinary research and education programmes: A framework for evaluation. *Research Policy* 47: 35–48.
Chaplin, Heather. 2007. Is that just some game? No, it's a cultural artifact. *New York Times.* https://www.nytimes.com/2007/03/12/arts/design/12vide.html?_r=4&ref=technology&oref=slogin&oref=slogin&oref=slogin&oref=slogin. Zugegriffen: 1. Juli 2019.
Chaplin, Heather. 2013. Will the 21st century be defined by games? *Kotaku.* http://www.kotaku.com.au/2013/09/will-the-21st-century-be-defined-by-games/. Zugegriffen 1. September 2020.
Chen, Sande, und Anne Toole. 2009. Writing serious games. In *Writing for video game genres. From FPS to RPG*, Hrsg. W. Despain, 161–170. Wellesley: A K Peters.
Cheong, Ian Miles. 2016. Criticizing the indie game 'virginia' makes you a racist misogynist.*Web Archive.* https://web.archive.org/web/20161003212734/https://heatst.com/tech/criticizing-the-indie-game-virginia-makes-you-a-racist-misogynist/. Zugegriffen: 27. Juni 2019.
Clarke, Rachel I., Jin H. Lee, und Neils Clark. 2015. Why video game genres fail: A classificatory analysis. *Games and Culture* 12 (5): 1–22.

Clearwater, David A. 2011. What defines video game genre? Thinking about genre study after the great divide. In *Loading... The Journal of the Canadian Game Studies Association* 5 (8): 29–49.

Conrad, Joseph. 2007. *Heart of darkness.* London: Penguin Classics.

Cook, Daniel. 2007. The circle of life: An analysis of the game product lifecycle. *Gamasutra.* https://www.gamasutra.com/view/feature/129880/the. Zugegriffen: 1. Juli 2019.

Crawford, Chris. 1984. *The art of computer game design.* Berkeley: McGraw-Hill.

Crawford, Chris. 2012. The Education of a Game Designer. *Erasmatazz.* https://www.erasmatazz.com/library/game-design/the-education-of-a-game.html. Zugegriffen: 1. Juli 2019.

Croshaw, Ben. 2015. The problem with the "walking around simulator". *The Escapist.* https://v1.escapistmagazine.com/articles/view/video-games/columns/extra-punctuation/14547-Yahtzee-On-Everybodys-Gone-To-The-Rapture-and-Gone-Home. Zugegriffen: 27. Juni 2019.

Csíkszentmihályi, Mihály. 1991. *Flow. The psychology of optimal experience.* New York: Harper & Row.

Dansky, Richard. 2009. Writing for horror games. In *Writing for video game genres. From FPS to RPG,* Hrsg. W. Despain, 113–126. Wellesley: A K Peters.

Danuser, Steve, und Tracy A. Seamster. 2009. Writing for massively multiplayer online games. In *Writing for video game genres. From FPS to RPG,* Hrsg. W. Despain, 1–10. Wellesley: A K Peters.

Davis, Graeme. 2009. Writing for mobile phone games. In *Writing for video game genres. From FPS to RPG,* Hrsg. W. Despain, 191–198. Wellesley: A K Peters.

Derrida, Jacques. 1980. The law of genre. Translated by Avital Ronell. *Critical Inquiry* 7 (1): 55–81.

Despain, Wendy (Hrsg.). 2009. *Writing for video game genres. From FPS to RPG.* Wellesley: A K Peters.

Desser, David. 2014. The Gunman and the Gun: Japanese film Noir since the late 1950s. In *International Noir,* Hrsg. H. Pettey und R. Palmer. Edinburgh: Edinburgh University Press.

Dittler, Ullrich. 1993. *Software statt Teddybär. Computerspiele und die pädagogische Auseinandersetzung.* München: Reinhardt.

Dörner, Ralf, Stefan Göbel, Wolfgang Effelsberg, Josef Wiemeyer (Hrsg.). 2016. *Serious games: Foundations, concepts and practice.* Basel: Springer.

Duden. 2019. *Wörterbuch.* https://www.duden.de/. Zugegriffen: 30. Juni 2019.

Duff, David (Hrsg.). 2000. *Modern genre theory.* Essex: Pearson Education Limited.

Dyer-Witheford, Nick, und Zena Sharman. 2005. The political economy of Canada's video and computer game industry. *Canadian Journal of Communication* 30: 187–210.

Dyer-Witheford, Nick, und Greig de Peuter. 2009. Games of empire: Global capitalism and video games. *Electronic Mediations* 29 (Minneapolis/London: University of Minnesota Press).

Egenfeldt-Nielsen, Simon, Jonas H. Smith, und Susana P. Tosca. 2008. *Understanding video games.* London: Routledge.

Egenfeldt-Nielsen, Simon, Jonas H. Smith, und Susana P. Tosca. 2016. *Understanding video games.* London: Routledge.

Eitzen, Dirk. 1998. Wann ist ein Dokumentarfilm? Der Dokumentarfilm als Rezeptionsmodus. *Montage AV* 7 (2): 13–44.
Entertainment Software Association. 2019. 2019 essential facts about the computer and video game industry. *ESA*. https://www.theesa.com/wp-content/uploads/2019/05/ESA_Essential_facts_2019_final.pdf. Zugegriffen: 1. Juli 2019.
Erickson, Daniel. 2009. Writing for role-playing games. In *Writing for video game genres. From FPS to RPG*, Hrsg. W. Despain, 11–13. Wellesley: A K Peters.
Feige, Daniel M. 2015. *Computerspiele: Eine Ästhetik*. Berlin: Suhrkamp.
Felluga, Dino F. 2015. *Critical theory: The key concepts*. London: Routledge.
Filminstitut, Deutsches. 2015. *Film und Games: Ein Wechselspiel*. Berlin: Bertz + Fischer.
Foster, Lisa. 2016. Effects of video game streaming on consumer attitudes and behaviors. *Electronic Theses and Dissertations. Paper 3041*. https://dc.etsu.edu/cgi/viewcontent.cgi?article=4451&context=etd. Zugegriffen: 6. Juli 2019.
Freyermuth, Gundolf S. 2015. *Games. Game design. Game studies*. Bielefeld: transcript.
Froos, Peter. 1999. *L'objet ambigu in Philosophie und Kunst: Valéry, Kant, Deleuze und Duchamp im platonischen Differential*. Düsseldorf: Parerga.
Frow, John. 2015. *Genre*. London: Routledge.
Gamescoop, (Hrsg.). 2012. *Theorien des Computerspiels: zur Einführung*. Hamburg: Junius.
Gartenberg, Martin. 2004. Industry snapshot: Stats and metrics. In IGDA Developer Business Summit, San Jose, 22–24 März.
Gough, Christina. 2019. Number of games released on Steam worldwide from 2004 to 2018. *Statista*. https://www.statista.com/statistics/552623/number-games-released-steam/. Zugegriffen: 26. Juni 2019.
Glashüttner, Robert. 2009. Computerspiele-Journalismus: Formale, strukturelle und ideologische Entwicklungen. In DIGAREC Lectures 2008/09 – Vorträge am Zentrum für Computerspielforschung mit Wissenschaftsforum der Deutschen Gamestage, Postdam, 128–146.
Gregersen, Andreas. 2011. Genre, technology and embodied interaction: The evolution of digital game genres and motion gaming. *MedieKultur: Journal of Media and Communication Research* 51: 94–109.
Gregory, Jason. 2015. *Game engine architecture*. Boca Raton: Taylor & Francis Group.
Grote, Michael, und Carmen Sinnokrot. 2006. *Rechtmäßigkeit einer bundesgesetzlichen Verbotsregelung für die Einfuhr, den Verkauf und die Vermietung von gewaltverherrlichenden Computerspielen („Killerspiele")*. Berlin: Deutscher Bundestag.
Hall, Charlie. 2017. PUBG has dominated 2017, here's how it happened. *Polygon*. https://www.polygon.com/2017/12/4/16725104/pubg-2017-in-review-game-of-the-year. Zugegriffen: 1. Juli 2019.
Harnad, Stevan. 2005. To cognize is to categorize: cognition is categorization. In *Handbook of categorization*, Hrsg. C. Lefebvre und H. Cohen, 19–43. Summer Institute in Cognitive Sciences on Categorisation. Amsterdam: Elsevier.
Harrell, Jackson, und Wil A. Linkugel. 1978. On rhetorical genre: An organizing perspective. *Philosophy & Rhetoric* 11 (4): 262–281.
Habgood, Jacob, David Moore, Sergio Alapont, Chris Ferguson, und Herre V. Oostendorp. 2018. The REVEAL educational environment narrative framework for playstation

VR. In *ECGBL 2018 12th European conference on game-based learning, Sophia Antipolis, 4–5 October*, Hrsg. Mélani Ciussi, 175–183. Reading: Academic Conferences and Publishing International Limited.

Haverinen, Anna. 2016. In-game and out-of-game mourning: On the complexity of grief in virtual worlds. In *Mediating and remediating death*, Hrsg. D. R. Christensen und K. Sandvik, 155–174. London: Routledge.

Hemminger, Elke. 2010. Fantasy Facebook: Merged gameplay in MMORPGs as social networking activities. In *Exploring the edges of gaming: Proceedings of the Vienna games conference 2008–2009: Future and reality of gaming*, 93–102. Wien: Braumüller.

Hendry, Joy, und Massimo Raveri. 2005. *Japan at play: The ludic and the logic of power*. London: Routledge.

Hickethier, Knut. 2002. Genretheorie und Genreanalyse. In *Moderne Filmtheorien*, Hrsg. J. Felix, 62–96. Mainz: Bender.

Hirumaredx. 2016. RP player does a Dungeon. *Youtube*. https://www.youtube.com/watch?v=zrG79_BOzJA. Zugegriffen: 1. Juli 2019.

Holland, Matthew. 2012. Yakuza/Gangster. In *Directory of world cinema: Japan 2*, Hrsg. J. Berra. Bristol: Intellect.

Huberts, Christian. 2016. Schritt für Schritt zur Revolution. *Zeit*. https://www.zeit.de/digital/games/2015-11/walking-simulatoren-games-gone-home-dear-esther. Zugegriffen: 1. Juli 2019.

Hutcheon, Linda. 2006. *A theory of adaptation*. London: Routledge.

Hutchinson, Sean. 2016. These are the 5 best 'star wars' fan edits. *Inverse*. https://www.inverse.com/article/10533-these-are-the-5-best-star-wars-fan-edits. Zugegriffen: 1. Juli 2019.

Irwin, Jon. 2017. Devs discuss the history and the future of so-called 'walking sims'. *Gamasutra*. https://www.gamasutra.com/view/news/291307/Devs_discuss_the_history_and_the_future_of_socalled_walking_sims.php. Zugegriffen: 27. Juni 2019.

Jakobson, Roman. 1981. The dominant. In *Selected writings. III. Poetry of grammar and grammar of poetry*, Hrsg. S. Rudy, 751–756. New York: Mouton Publishers.

Järvinen, Aki. 2002. Halo and the anatomy of the FPS. *Game Studies* 2 (1). https://www.gamestudies.org/0102/jarvinen/. Zugegriffen: 26. Juni 2019.

Järvinen, Aki. 2008. *Games without frontiers. Theories and methods for game studies and design*. Dissertation, Universität Tampere. https://ocw.metu.edu.tr/pluginfile.php/4468/mod_resource/content/0/ceit706/week3_new/AkiJarvinen_Dissertation.pdf. Zugegriffen: 30. Juni 2019.

Järvinen, Aki. 2019. A meaningful read: Rules of play reviewed. *Game Studies* 4 (1). https://www.gamestudies.org/0401/jarvinen/. Zugegriffen: 26. Juni 2019.

Jenkins, Henry. 2004. Game design as narrative architecture. In *First person: New media as story, performance, and game*, Hrsg. N. Wardrip-Fruin und P. Harrigan, 118–130. Cambridge: MIT Press.

Juul, Jesper. 2001. Games telling stories? A brief note on games and narratives. *The Game Studies* 1 (1). https://gamestudies.org/0101/juul-gts/. Zugegriffen: 26. Juni 2019.

Juul, Jesper. 2005. *Half-real: Video games between real rules and fictional worlds*. Cambridge: The MIT Press.

Kaczmarek, Ludger. 2012. „hômu dorama". Lexikon der Filmbegriffe. https://filmlexikon.uni-kiel.de/index.php?action=lexikon&tag=det&id=3308. Zugegriffen: 7. Juli 2019.

Kent, Steven L. 2001. *From Pong to Pokémon and beyond...the the ultimate history of video games*. New York: Three Rivers Press.

Keogh, Brendan. 2013. *Killing is harmless: A critical reading of spec ops: The line*. Marden: Stolen Projects.

King, Geoff, und Tanya Krzywinska. 2006. *Tomb raiders & space invaders: Videogame forms & contexts*. London: I. B. Tauris.

Kirkland, Ewan. 2009. Storytelling in survival horror video games. In *Horror video games: Essays on the fusion of fear and play*, Hrsg. B. Perron, 62–78. Jefferson: McFarland & Co.

Klevjer, Rune. 2002. In defense of cut-scenes. In *Computer games and digital cultures, conference proceedings*, Hrsg. F. Mäyrä, 191-202. Tampere.

Korris, James. 2004. Full spectrum warrior: How the institute for creative technologies built a cognitive training tool for the Xbox. https://pdfs.semanticscholar.org/a0b9/a123daf86c984188e3329a9433aa4a69176e.pdf?_ga=2.203862672.1090972145.1562317127-1594262930.1561985840. Zugegriffen 5. Juli 2019.

Krzywinska, Tanya. 2006. The pleasures and dangers of the game: up close and personal. *Games and Culture* 1 (1), 119–122.

Kücklich, Julian. 2005. Precarious playbour: Modders and the digital games industry. *The Fibreculture Journal* 5: n. p. https://five.fibreculturejournal.org/fcj-025-precarious-playbour-modders-and-the-digital-games-industry/. Zugegriffen 1. September 2020.

Kücklich, Julian. o. D. Game design book review. *Gamedevelopers.ie*. https://gamedevelopers.ie/game-design-book-review/. Zugegriffen: 1. Juli 2019.

Lambert, Trish. 2019. Transmedial Tolkien. In *Texmoot*.

Lammes, Sybille. 2010. Postcolonial playgrounds: Games as postcolonial cultures. Eludamos. *Journal for Computer Game Culture* 4 (1): 1–6.

Lee, Jin H., Natascha Karlova, Rachel I. Clarke, Katherine Thornton, und Andrew Perti. 2014. Facet analysis of video game genres. In *iConference 2014 proceedings*, 125–139. https://doi.org/10.9776/14057. Zugegriffen 1. September 2020.

Lessard, Jonathan. 2014. *Game genres and high-level design pattern formations*. In Third workshop on design patterns in games, 9th international conference on the foundations of digital games, Fort Lauderdale. http://fdg2014.org/workshops/dpg2014_paper_02.pdf. Zugegriffen 1. September 2020.

Lessard, Jonathan. 2015. *Early computer game genre preferences (1980–1984)*. In DiGRA'15 – Proceedings of the 2015 DiGRA international conference. http://www.digra.org/wp-content/uploads/digital-library/24_Lessard_Early-Computer-Game-Genre-Preferences-1980-1984.pdf. Zugegriffen: 1. Juli 2019.

Lotmann, Jurij. 1972. *Die Struktur literarischer Texte*. München: Fink.

Martinez, D.P., und Jan van Bremen. 1995. *Ceremony and ritual in Japan: Religious practices in an industrialized society*. London: Routledge.

Martinsen, Joel. 2007. Gamble your life away in ZT online. *DANWEI*. https://www.danwei.org/electronic_games/gambling_your_life_away_in_zt.php. Zugegriffen: 6. Juli 2019.

Mäyrä, Frans. 2008. *An introduction to game studies. Games in culture*. London: SAGE Publications.

Mäyrä, Frans. 2011. From the demonic tradition to art-evil in digital games: Monstrous pleasures in lord of the rings online. *Academia.edu*. https://www.academia.edu/297

9730/From_the_Demonic_Tradition_to_Art-Evil_in_Digital_Games_Monstrous_Pleasures_in_Lord_of_the_Rings_Online. Zugegriffen: 7. Juli 2019.

McDowell, John H. 1996. *Mind and world*. Cambridge: Harvard University Press.

McHale, Brian. 1987. *Postmodernist Fiction*. New York: Methuen.

McWhertor, Michael. 2015. How Bloodborne's multiplayer works. *Polygon*. https://www.polygon.com/2015/3/25/8291453/bloodborne-multiplayer-guide. Zugegriffen: 1. Juli 2019.

Miller, Carolyn R. 1984. Genre as social action. *Quarterly Journal of Speech* 70: 151–167.

Mukherjee, Souvik. 2017. *Videogames and postcolonialism: Empire plays back*. Basingstoke: Palgrave Macmillan.

Murray, Janet H. 1997. *Hamlet on the holodeck*. New York: The Free Press.

Neil, Katherine. 2016. How we design games now and why. *Medium*. https://medium.com/@haikus_by_KN/how-we-design-games-now-and-why-bcbc1deb7559. Zugegriffen: 30. Juni 2019.

Newman, James. 2004. *Videogames*. London: Routledge.

Nguyen, Huyen-Ly. 2014. Der klassische Genre-Begriff und seine Grenzen. *Webvideo Cultures*. https://blogs.uni-siegen.de/webvideo/2014/05/09/genre-begriff-und-dessen-grenzen/. Zugegriffen: 30. Juni 2019.

Neitzel, Britta. 2000. *Gespielte Geschichten. Struktur- und prozessanalytische Untersuchungen der Narrativität von Videospielen*. Dissertation, Bauhaus-Universität Weimar. https://e-pub.uni.weimar-de/opus4/files/69/Neitzel.pdf. Zugegriffen: 30. Juni 2019.

Neitzel, Britta. 2004. Wer bin ich? Thesen zur Avatar-Spieler Bildung. In ‚*See? I'm real...*' *Multidisziplinäre Zugänge zum Computerspiel am Beispiel von Silent Hill*, Hrsg. M. Bopp, B. Neitzel, und R. F. Nohr, 193–212. Münster: Lit.

Nohr, Rolf F., und Britta Neitzel. 2010. Game studies. *MEDIENwissenschaft* 4: 416–435.

Peckham, Irvin. 1991. *The necessary illusion of games*. San Diego: University of California.

Perron, Bernard. 2018. *The world of scary video games: A study in videoludic horror*. Cambridge: Bloomsbury Academic.

Perry, David, und Rusel DeMaria. 2009. *David Perry on game design*. Boston: Course Technology.

Perry, Douglass C. 2003. The death of the genre. *IGN*. https://www.ign.com/articles/2003/06/12/the-death-of-the-genre. Zugegriffen: 27. Juni 2019.

Persson, Christian. 2002. Beckstein will Verbot von ‚Killerspielen'. *heise*. https://www.heise.de/newsticker/meldung/Beckstein-will-Verbot-von-Killerspielen-57750.html. Zugegriffen: 7. Juli 2019.

Pfister, Eugen. 2019. 'It's not going to be Shakespeare': Was vom Ludologen-Narratologen-Streit übrig blieb. *spielkult*. https://spielkult.hypotheses.org/1741. Zugegriffen: 6. Juli 2019.

Pino, Nick. 2019. PlayStation CEO confirms PS5 backwards compatibility, SSD and 4K/120Hz output. *techradar*. https://www.techradar.com/news/playstation-ceo-confirms-ps5-backwards-compatibility-ssd-and-4k120hz-output. Zugegriffen: 6. Juli 2019.

Prensky, Marc. 2003. Digital game-based learning. *Computers in Entertainment* 1 (1): 21–21.

Pross, Harry. 1970. *Publizistik: Thesen zu einem Grundcolloquium*. Berlin: Neuwied.

Ransom-Wiley, James. 2007. 10 most important video games of all time, as judged by 2 designers, 2 academics, and 1 lowly blogger. *Engadget*. https://www.engadget.com/2007/03/12/10-most-important-video-games-of-all-time-as-judged-by-2-design/. Zugegriffen: 1. Juli 2019.

Rauscher, Andreas. 2012. *Spielerische Fiktionen: Transmediale Genrekonzepte in Videospielen*. Marburg: Schüren.

Rauscher, Andreas. 2015a. Einleitung. In *Film und Games: Ein Wechselspiel*, Hrsg. Deutsches Filminstitut. 10–17. Berlin: Bertz + Fischer.

Rauscher, Andreas. 2015b. Mise-en-Game – Die spielerische Aneignung filmischer Räume. In *New Game Plus. Perspektiven der Game Studies. Genres – Künste – Diskurse*, Hrsg. B. Beil, G. S. Freyermuth, und L. Gotto, 89–113. Bielefeld: transcript.

Rauscher, Andreas. 2018. Genre. In *Game studies*, Hrsg. B. Beil, T. Hensel, und A. Rauscher, 343–362. Wiesbaden: Springer VS.

Rehak, Bob. 2003. Playing at being: Psychoanalysis and the avatar. In *The videogame theory reader*, Hrsg. M. Wolf und B. Perron, 103–127. London: Routledge.

Rennick, Conor. 2017. Why are *Cuphead* and *Crash* the new *Dark Souls*? *Headstuff*. https://www.headstuff.org/entertainment/gaming/why-are-cuphead-and-crash-the-new-dark-souls/. Zugegriffen: 30. Juni 2019.

Reinhard, Andrew. 2018. *Archeogaming: An introduction to archeology in and of video games*. New York: Berghahn.

Rippl, Gabriele, und Simone Winko. 2013. Einleitung. In *Handbuch Kanon und Wertung: Theorien, Instanzen, Geschichte*, Hrsg. G. Rippl und S. Winko, 1–5. Stuttgart: Metzler.

Robinson, Martin. 2013. *The art of dead space*. London: Titan Books.

Rollings, Andrew, und Ernest Adams. 2003. *On game design*. Indianapolis: New Riders Publishing.

Rouse, Richard. 2009. Match made in hell: The inevitable success of the horror genre in video games. In *Horror video games: Essays on the fusion of fear and play*, Hrsg. B. Perron, 15–25. Jefferson: McFarland & Co.

Ruppert, Liana. 2019. Ride a motorcycle in 'Skyrim' with this mod, because why not? *comicbook*. https://comicbook.com/gaming/news/skyrim-motorcycle-mod/. Zugegriffen: 6. Juli 2019.

Russell, Michael. 2005. My take on 'Hot Coffee'. *Rom's Rants*. https://romsteady.blogspot.com/2005/07/my-take-on-hot-coffee.html. Zugegriffen: 1. Juli 2019.

Ryall, Tom. 1975. Teaching through genre. *Screen Education* 17: 27–33.

Salen, Katie, und Eric Zimmerman. 2004. *Rules of play: Game design fundamentals*. Cambridge: MIT Press.

Schallegger, René Reinhold. 2018. *The postmodern joy of role-playing games: Agency, ritual and meaning in the medium*. Jefferson: McFarland.

Scheinpflug, Peter. 2014. *Genre-Theorie: Eine Einführung*. Münster: Lit.

Schilling, Chris. 2018. Yakuza 6: The song of life review – Gangster saga bids sayonara to its stoic hero. *The Guardian*. https://www.theguardian.com/games/2018/mar/15/yakuza-6-song-life-review-gangster-game-saga. Zugegriffen: 29. Juni 2019.

Schniz, Felix. 2016. Cognitive dissonance as an ethical instrument of metamodern aesthetic in spec ops: The line. In *Leveling up: The cultural impact of contemporary videogames*, Hrsg. B. Kuhn und A. Bhéreur-Lagounaris, 51–62. Oxfordshire: Inter-Disciplinary Press.

Sharpedo-Dressed Man. 2019. Space bounty hunter skin. *Steam.* https://steamcommunity.com/sharedfiles/filedetails/?id=1621783200&searchtext=bounty+hunter. Zugegriffen: 1. Juli 2019.

Sicart, Miguel. 2008. Defining game mechanics. *Game Studies* 8 (2). https://gamestudies.org/0802/articles/sicart. Zugegriffen: 30. Juni 2019.

Sicart, Miguel. 2011. *The ethics of computer games.* Cambridge: MIT Press.

Siebers, Tobin. 2008. *Disability theory.* Michigan: University of Michigan Press.

Silcox, Mark. 2017. Introduction: The experience machine: From thought experiment to (virtual) reality. In *Experience machines: The philosophy of virtual worlds*, Hrsg. M. Silcox, 1–12. London: Rowman & Littlefield.

Sjöblom, Max, Maria Törhönen, Juho Hamari, und Joseph Macey. 2017. Content structure is king: An empirical study on gratifications, game genres and content type on Twitch. *Computers in Human Behavior* 73: 161–171.

Squire, Kurt. 2006. From content to context: Videogames as designed experience. *Educational Researcher* 35 (8): 19–29.

Squire, Kurt. 2011. *Video games and learning: Teaching and participatory culture in the digital age.* New York: Teachers College Press.

Staiger, Janet, und David A. Gerstner (Hrsg.). 2003. *Authorship and film.* London: Routledge.

Strank, Willem. 2019. Persönliche E-Mail. Zugegriffen: 7. Juli 2019.

Sterbenz, Benjamin. 2011. *Genres in Computerspielen – Eine Annäherung.* Glückstadt: Verlag Werner Hülsbusch.

Stiglegger, Marcus. 2010. *Terrorkino: Angst/Lust und Körperhorror.* Berlin: Bertz + Fischer.

Stiglegger, Marcus. 2015. Prometheischer Impuls und Digitale Revolution? Kino, Interaktivität und Reißbrettwelten. In *Spielformen im Spielfilm: Zur Medienmorphologie des Kinos nach der Postmoderne*, Hrsg. R. Leschke und J. Venus, 103–115. Bielefeld: transcript.

Stiglegger, Marcus. 2017. *Handbuch Filmgenre.* Wiesbaden: Springer.

Sylvester, Tynan. 2013. *Designing games: A guide to engineering experience.* Sebastopol: O'Reilly Media.

Taylor, Laurie N. 2009. Gothic bloodlines in survival horror gaming. In *Horror video games: Essays on the fusion of fear and play*, Hrsg. B. Perron, 46–61. Jefferson: McFarland & Co.

Taylor, T.L. 2008. Becoming a Player: Networks, Structure, and Imagined Futures. In *Beyond Barbie & Mortal Kombat: New perspectives on gender and gaming*, Hrsg. Y. Kafai, C. Heeter, J. Denner, und J. Sun, 51–66. Cambridge: MIT Press.

Therrien, Carl. 2009. Games of fear: A multi-faceted historical account of the horror genre in video games. In *Horror video games: Essays on the fusion of fear and play*, Hrsg. B. Perron, 26–45. Jefferson: McFarland & Co.

Thorsen, Tor. 2005. Confirmed: Sex minigame in PS2 San Andreas. *Gamespot.* https://www.gamespot.com/articles/confirmed-sex-minigame-in-ps2-san-andreas/1100-6129301/. Zugegriffen: 6. Juli 2019.

Todorov, Tzvetan. 1970. *Introduction à la littérature fantastique.* Paris: Seuil.

Todorov, Tzvetan. 1976. The origin of genres. *New Literary History* 8 (1): 159–170.

Tolkien, J.R.R. 1991. *The lord of the rings.* London: Harper Collins.

Unterhuber, Tobias. Mit Kanones auf Spiele schießen? – Die (Un)Möglichkeit eines Computerspielkanons und die Rolle der Game Studies. *Paidia.* https://www.paidia.de/mit-kanones-auf-spiele-schiessen-die-unmoeglichkeit-eines-computerspielkanons-und-die-rolle-der-game-studies/. Zugegriffen: 16. Sept. 2020.

Valéry, Paul. 1991. *Eupalinos oder Der Architekt.* Frankfurt a. M.: Suhrkamp.

Velocci, Carli. 2009. Building pillars of eternity ii without losing that infinity engine charm. Gamasutra. https://www.gamasutra.com/view/news/319495/Building_Pillars_of_Eternity_II_without_losing_that_Infinity_Engine_charm.php. Zugegriffen: 23. Sept. 2020.

von Meduna, Marc, et al. 2019. Loot boxes – A game changer? *Gambling Research Division Working Paper Series, No.2.* https://www.wiso.uni-hamburg.de/fachbereich-sozoek/forschung/gluecksspielforschung/Dateien/Veroeffentlichungen/loot-boxes---a-game-changer-meduna-et-al-gambling-research-working-paper-no-2.pdf. Zugegriffen: 6. Juli 2019.

Vossen, Ursula. 2004. Einleitung. In *Filmgenres: Horrorfilm,* Hrsg. U. Vossel. Ditzingen: Reclam.

Wade, Alex. 2016. *Playback: A genealogy of 1980s British videogames.* New York: Bloomsbury Academic.

Weidmann, Cédric. 2013. Ein Streit stirbt; Narratologie vs. Ludologie. *freiesfeld.* https://freiesfeld.ch/2013/01/25/ein-streit-stirbt-narratologie-vs-ludologie/. Zugegriffen: 6. Juli 2019.

Wenzel, Peter. 2013a. Gattung, literarische. In *Metzler Lexikon. Literatur- und Kulturtheorie,* Hrsg. A. Nünning, 244–245. Stuttgart: Metzler.

Wenzel, Peter. 2013b. Gattungsgeschichte. In *Metzler Lexikon. Literatur- und Kulturtheorie,* Hrsg. A. Nünning, 245–246. Stuttgart: Metzler.

Wiehager, Renate. 2014. Das objet ambigu. Das Kunstwerk als Prozess. In *Luca Trevisani,* Hrsg. R. Wiehager, 1–21. Köln: Snoeck.

Williams, Dmitri. 2002. Structure and competition in the U.S. home video game industry. *The International Journal on Media Management* 4 (1): 41–54.

Wittgenstein, Ludwig. 1967. *Philosophical investigations.* Oxford: Blackwell.

Wolf, Mark J. P. 2001. *The medium of the video game.* Austin: University of Texas Press.

Wolf, Mark J. P., und Bernard Perron (Hrsg.). 2009. *The video game theory reader.* London: Routledge.

Yee, Nick, und Jeremy Bailenson. 2007. The proteus effect: The effect of transformed self-representation on behavior. *Human Communication Research* 33 (3): 271–290.

Filmverzeichnis

Apocalypse Now (USA 1979; R: Francis Coppola)
Kill Bill – Volume 1 (USA 2003, R: Quentin Tarantino)

Spielverzeichnis

Age of Empires (Seit 1997, Ensemble Studios/Xbox Game Studios)
Alien: Isolation (2014, Creative Assembly/Sega)
Apex Legends (2019, Respawn Entertainment/Electronic Arts)
ARK: Survival Evolved (2017, Studio Wildcard/Studio Wildcard)
Assassin's Creed: Odyssey (2018, Ubisoft/Ubisoft)
Baldur's Gate (1998, BioWare/Interplay Entertainment)
Bloodborne (2015, FromSoftware/Sony Computer Entertainment)
Borderlands (2009, Gearbox Software/2K Games)
Borderlands 2 (2012, Gearbox Software/2K Games)
Castlevania (Seit 1986, Konami/Nintendo)
Castlevania: Symphony of The Night (1997, Konami/Konami)
Civilization I (1991, MicroProse/MicroProse)
Civilization II (1996, MicroProse/MicroProse)
The Council (2018, Big Bad Wolf/Focus Home Interactive)
Counter-Strike (since 2000, Valve Corporation/Valve Corporation)
Darkest Dungeon (2016, Red Hook Studios/Merge Games)
Dark Souls (2011, FromSoftware/Sony Computer Entertainment)
Dead Space (2013, Visceral Games/Electronic Arts)
Dear Esther (2012, The Chinese Room/The Chinese Room)
Deponia (Seit 2012, Deadelic Entertainment/Deadelic Entertainment)
Déraciné (2018, FromSoftware/Sony Interactive Entertainment)
Desktop Tower Defense (2007, Paul Preece/Paul Preece)
Destiny 2 (2017, Bungie/Activision)
Diablo (1996, Blizzard Entertainment/Blizzard Entertainment)
Diablo II (2000, Blizzard North/Blizzard Entertainment)
Domina (2017, DolpinBarn/DolphinBarn)
Doom (1993, id Software/id Software)
The Elder Scrolls V: Skyrim (2011, Bethesda Game Studios/Bethesda Softworks)
Engare (2017, Mahdi Bahrami/Mahdi Bahrami)
Everybody's Gone to the Rapture (2015, The Chinese Room/Sony Computer Entertainment)
FarmVille (2009, Zynga/Zynga)
Fortnite (2017, Epic Games/Epic Games)
Full Spectrum Warrior (2004, Pandemic Studios/THQ)
Ghost of Tsushima (2020, Sucker Punch Productions/Sony Computer Entertainment)
Gone Home (2013, The Fullbright Company/The Fullbright Company)
Gran Turismo (Seit 1997, Polyphony Digital/Sony Computer Entertainment)
Grand Theft Auto (Seit 1997, Rockstar North/Rockstar Games)
GTA San Andreas (2004, Rockstar North/Rockstar Games)
GTA 5 (2013, Rockstar North/Rockstar Games)
Half-Life 2 (2004, Valve Corporation/Valve Corporation)
Halo: Combat Evolved (2001, Bungie/Microsoft Game Studios)
Hearthstone (2014, Blizzard Entertainment/Blizzard Entertainment)
Hollow Knight (2017, Team Cherry/Team Cherry)

Literatur 151

Icewind Dale (2000, Black Isle Studios/Interplay Entertainment)
Immune Attack (2008, Federation of American Scientists/Federation of American Scientists)
Journey (2012, Thatgamecompany/Sony Computer Entertainment)
League of Legends (2009, Riot Games/Riot Games)
The Lord of the Rings Online (2007, Turbine/Turbine)
Mario Kart (Seit 1992, Nintendo/Nintendo)
Metroid (Seit 1986, Nintendo/Nintendo)
Middle-earth: Shadow of War (2017, Monolith Productions/Warner Bros. Interactive Entertainment)
Minecraft (2011, Mojang/Mojang)
Mortal Kombat I (1992, Midway Games/Midway)
Never Alone (2014, Upper One Games/E-Line Media)
Nier: Automata (2017, Platinum Games/Square Enix)
Night in the Woods (2017, Infinite Fall/Finji)
Overwatch (2016, Blizzard Entertainment/Blizzard Entertainment)
Pac-Man (1980, Namco/Midway Games)
Papers, Please (2013, Lucas Pope/Lucas Pope)
Pillars of Eternity (2015, Obsidian Entertainment/Paradox Interactive)
Pillars of Eternity II: Dreadfire (2018, Obsidian Entertainment/Versus Evil)
Planescape: Torment (1999, Black Isle Studios/Interplay)
Plants vs. Zombies (2009, George Fan/George Fan)
Player Unknown's Battleground (2017, PUBG Corporation/PUBG Corporation)
Pokémon (Seit 1996, Game Freak/Nintendo)
Pokémon GO (2016, Niantic/Niantic)
Portal (2007, Valve Corporation/Valve Corporation)
Red Dead Redemption (Seit 2004, Rockstar Studios/Rockstar Games)
Red Dead Redemption 2 (2018, Rockstar Studios/Rockstar Games)
Red Steel (2006, Ubisoft Paris/Ubisoft)
The Red Strings Club (2018, Deconstructeam/Devolver Digital)
RollerCoaster Tycoon (1999, Chris Sawyer/Infogames)
Sekiro: Shadows Die Twice (2019, FromSoftware/Activision)
Sensible World of Soccer (1994, Sensible Software/Microsoft Corporation)
Sim City (1989, Maxis/Maxis)
Smite (2014, Hi-Rez Studios/Hi-Rez Studios)
Spacewar! (1962, Steve Russell/Steve Russell)
Spec Ops: The Line (2012, Yager Development/2K Games)
Spore (2008, Maxis/Electronic Arts)
The Stanley Parable (2013, Galactic Café/Galactic Café)
Starcraft (Seit 1998, Blizzard Entertainment/Blizzard Entertainment)
Star Raiders (1979, Atari/Atari)
Superhot (2016, SUPERHOT Team/SUPERHOT Team)
Super Mario (Seit 1985, Nintendo/Nintendo)
Super Mario Bros. 3 (1990, Nintendo/Nintendo)
Super Mario World (1990, Nintendo/Nintendo)
Super Metroid (1994, Nintendo/Nintendo)

Tanktics (1978, Avalon Hill/Avalon Hill)
Tetris (1984, Alexei Paschitnow/Various)
Tennis for Two (1958, William Higinbotham/Brookhaven National Laboratory)
Team Fortress 2 (2007, Valve Corporation/Valve Corporation)
Thimbleweed Park (2017, Terrible Toybox/Terrible Toybox)
Tomb Raider (1996, Core Design/Eidos Interactive)
Tom Clancy's The Division II (2019, Massive Entertainment/Ubisoft)
Trust & Betrayal: The Legacy of Siboot (1987, Chris Crawford/Mindscape)
Tyranny (2016, Obsidian Entertainment/Paradox Interactive)
Void Bastards (2019, Blue Manchu/Humble Bundle)
Warcraft (seit 1994, Blizzard Entertainment/Blizzard Entertainment)
Warcraft II: Tides of Darkness (1995, Blizzard Entertainment/Blizzard Entertainment)
Whyville (1999, Numedeon/Numedeon)
The Witcher 3: The Wild Hunt (2015, CD Projekt Red/CD Projekt)
Wolcen: Lords of Mayhem (2020, Wolcen Studio/Wolcen Studio)
Wolfenstein: The New Order (2014, Machine Games/Bethesda Softworks)
WolfQuest (2007, eduweb/eduweb)
World of Warcraft (2004, Blizzard Entertainment/Blizzard Entertainment)
Yakuza (Seit 2005, Sega/Sega)
Yakuza 6: The Song of Life (2018, Sega/Sega)
Zork: The Great Underground Empire (1980, Infocom/Infocom)

Softwareverzeichnis

RPG Maker (1992, ASCII/ASCII)

Kunstverzeichnis

Trevisani, Luca. 2006. Shangai [*Mikado*]. Skulptur. Genoa: Galleria Pinksummer.